Geschenkideen

aus der Küche

thanks
so
much

Geschenkideen
aus der Küche

NICOLE STICH & COCO LANG

VORWORT

Eine spontane Essenseinladung flattert ins Haus, und eigentlich möchten Sie nicht schon wieder die obligatorische Flasche Wein oder einen Strauß Blumen mitbringen? Ein guter Freund feiert Geburtstag, aber was könnte man ihm bloß schenken, er hat doch eigentlich bereits alles? Und bei der hilfsbereiten Nachbarin, die immer die Päckchen für einen annimmt, wollte man sich auch schon längst einmal bedankt haben ...

In unserer schnelllebigen Zeit, in der es minimalen Aufwand und maximal drei Mausklicks braucht, um jemandem ein Geschenk an die Haustür liefern zu lassen, sind liebevoll verpackte Köstlichkeiten aus der eigenen Küche etwas ganz Besonderes – sie zeigen persönliche Wertschätzung, originelle Kreativität und schmecken darüber hinaus einfach unbeschreiblich gut!

Egal, ob Sie eher Klassisches wie Konfitüre und Pesto oder Extravagantes wie Fudge und Kaya im Sinn haben – mit unseren Lieblingsrezepten und zauberhaften Verpackungstipps finden Sie für jede Gelegenheit und jeden Geschmack das richtige Geschenk. Einige Naschereien lassen sich sogar auf Vorrat produzieren, sodass Sie immer ein paar Präsente für den Notfall im Regal haben.

Und nicht vergessen: Es braucht gar keinen bestimmten Anlass, um jemandem mit etwas Selbstgemachtem den Tag zu versüßen.

Nicole Stich & Coco Lang

TIPPS & TRICKS – RUND UMS SCHENKEN

1 Die besten Zutaten

Oberstes Gebot bei hausgemachten Köstlichkeiten ist die Verwendung von hochwertigen und geschmackvollen Zutaten. Kaufen Sie immer die beste Qualität, die Sie sich leisten können, und achten Sie bei Früchten und Gemüsen nach Möglichkeit darauf, dass diese Saison haben – sie sind dann nicht nur relativ günstig zu erwerben, sie schmecken zu diesem Zeitpunkt auch am allerbesten (bei allen Beeren kann man außerhalb der Saison auch auf Tiefkühlprodukte ausweichen).

4 Fettnäpfchen vermeiden

Hat der/die zu Beschenkende Allergien oder eine Abneigung gegen bestimmte Lebensmittel, trinkt keinen Alkohol, macht gerade eine Diät oder ist Vegetarier/Veganer? Das sollte man unbedingt bei der Auswahl des kulinarischen Geschenks beachten – ein Rillettes für einen Vegetarier oder eine Schokoladen-Haselnuss-Creme für einen Nuss-Allergiker haben das Potenzial zum Fettnäpfchen.

2 Absolute Sauberkeit

Die Haltbarkeit kulinarischer Geschenke variiert von wenigen Tagen bis zu einem Jahr (oft sogar darüber hinaus), ist aber immer auch abhängig von der eigenen Arbeitsweise und der Küchenhygiene. Es ist eine Sache, für sich selbst zu kochen, aber wenn man liebevoll zubereitete Köstlichkeiten verschenken möchte, dann gibt's keine Kompromisse in Sachen Sauberkeit: Häufiges Händewaschen, zusammengebundene lange Haare und ganz saubere Küchentücher sollten selbstverständlich sein.

3 Jahreszeiten und Anlässe

Was schenken zu welchem Anlass? Zwar gibt es hier keine festen Regeln, trotzdem ist es nie verkehrt, das Geschenk auf Jahreszeit und Saison abzustimmen: Confit und Cookies passen nun mal besser in die kühlere Jahreszeit, Schokopralinen schmelzen bei heißen Temperaturen schon auf dem Weg zum Geburtstagskind, Limonade und Erdbeerkonfitüre sind einfach typische Sommergeschenke. Der wichtigste Grund für ein Geschenk aus der eigenen Küche: jemandem eine Freude zu bereiten und ein Lächeln auf die Lippen zu zaubern. Weitere Gelegenheiten: Geburtstage, Osterfest, Weihnachten, Valentinstag, Mutter- oder Vatertag, Baby-Shower, Beförderung, Jahrestag, Partymitbringsel, als Dankeschön für ...

5 Kulinarische Vorlieben nutzen

Hat der/die zu Beschenkende besondere kulinarische Vorlieben? Ist sie/er ein Schokoholic? Oder besonders für süße Nascherein zu haben? Liebt sie Erdbeeren und Pfirsiche? Oder ist er ein absoluter Käse-Fan? Dann sollte man sich dies zunutze machen und ein passendes Geschenk aussuchen. Viele Rezepte lassen sich zum Beispiel leicht mit dem jeweiligen Lieblingsobst abwandeln. **Tipp:** Ein kleines Notizbüchlein (eine Seite im Kalender geht ebenfalls), in das man fortlaufend die Abneigungen und Vorlieben rund ums Thema Essen von Freunden und Verwandten einträgt, erweist sich nicht nur hier als sehr hilfreich!

8 Kombi-Geschenke und Geschenkkörbe

Es darf ein wenig mehr sein? Kulinarische Geschenke lassen sich wunderbar mit Geschirr, Küchenwerkzeugen oder frischen Lebensmitteln kombinieren, zum Beispiel mit Porzellanformen für Patés oder einer Etagere für Cookies, mit dekorativen Glasschalen für Trüffelpralinen, einem Mörser oder Gewürzmühlen mit selbst gemachten Gewürzmischungen, einer eleganten Teemischung zu duftenden Keksen, frischem Bauernbrot zu Griebenschmalz, ... Oder man stellt einen kleinen Geschenkkorb zusammen – passend zur Jahreszeit, zu einem bestimmten Thema oder einfach kunterbunt nach Lust und Laune gemischt.

6 Vorrat für alle Fälle

Der nette Verkäufer vom Obststand bietet eine ganze Steige wunderbar reifer Pfirsiche zum Sonderpreis an? Zugreifen! Gerade Konfitüren und Chutneys lassen sich mit einem relativ geringen Mehraufwand gleich in etwas größeren Mengen zubereiten. Damit ist die eigene Vorratskammer wieder gut bestückt, und man hat gleich mehrere Mitbringsel für alle Fälle parat.

7 Kreative Verpackungen

Auch wenn die »inneren Werte« bei selbst gemachten Leckereien das wirklich Entscheidende sind, erst mit einer liebevoll gestalteten Verpackung bekommt das Geschenk den richtigen Wow-Effekt. Die Möglichkeiten sind vielfältig: Mit schönen Stoffen, gemustertem Papier und kunterbunten Bändern lassen sich richtige kleine Kunstwerke kreieren. Aber auch mit wenig Geld und ein paar kreativen Ideen kann man Geschenke wunderbar verschönern, seien es alte Flohmarktfundstücke oder auch recycelte Verpackungen aus dem Alltag. Zahlreiche Tipps dazu finden Sie bei den Rezepten und in dem Kapitel »Verpackung & Deko« ab Seite 144.

9 Was? Wann? Wie lange? Wofür?

Wer weiß schon genau, wo das verschenkte Gläschen Chutney oder das Müslibrot einmal landet, oder wer es zum ersten Mal öffnet oder anschneidet. Deshalb am besten alle wichtigen Infos auf einem Anhänger oder einem Klebeetikett (kann auch ganz zurückhaltend am Glasboden angebracht werden) vermerken. Dazu gehören auf alle Fälle der Inhalt, das Zubereitungsdatum und/oder die Mindesthaltbarkeit. Idealerweise noch Tipps zur Aufbewahrung dazuschreiben und wie oder womit man Chutney, Brot & Co. genießen sollte. So vermeidet man ratlose Gesichter und Gläser, die nach Jahren ungeöffnet in den Müll wandern.

10 Wiederholungstäter

Gut zu wissen für Schenkende und Beschenkte: Wer sauber gespülte Twist-off- oder Einmachgläser – am besten mit ehrlich gemeinten Komplimenten – dem ursprünglichen Schenker zurückgibt, der erhöht seine Chance auf ein neues kulinarisches Geschenk ganz enorm!

TIPPS & TRICKS – ZUTATEN UND ZUBEREITUNG

1 Rezeptplanung

Fast alle Rezepte in diesem Buch lassen sich mit relativ geringem Zeitaufwand herstellen, allerdings brauchen einige wenige Köstlichkeiten (etwa Mangoessig oder Cassis-Grappa) noch Zeit, um ihr volles Aroma zu entwickeln. Deshalb lohnt es sich immer, großzügig im Voraus zu planen. Außerdem wichtig: Das Rezept vor der Zubereitung einmal vollständig durchlesen und alle benötigten Zutaten und Hilfsmittel mit bereits Vorhandenem abgleichen – böse Überraschungen bleiben einem so erspart.

2 Mit Liebe gemacht

So abgedroschen diese Floskel auch sein mag, es ist schon etwas Wahres dran: Wer Spaß an der Arbeit in der Küche hat und mit Hingabe und Enthusiasmus Praline um Praline verziert oder die Zutaten für das Caponata mit besonderer Sorgfalt in gleichmäßige Würfel schnippelt, der macht auch das Geschenk zu etwas ganz Besonderem. Das soll nicht heißen, dass alles mit dem Lineal abgemessen sein muss, ganz sicher nicht. Aber lieblos oder in Hektik zubereitete Speisen ergeben kein gut schmeckendes Geschenk.

3 Gläser und Flaschen sterilisieren

Alle Gläser und Flaschen (müssen hitzebeständig sein!) für Konfitüre, Sirup & Co. vor dem Befüllen unbedingt sterilisieren, da man sonst viel Zeit und Liebe in eine Leckerei steckt, die dann unnötigerweise schnell verderben kann. Fürs Sterilisieren die sauber gespülten Gläser oder Flaschen inklusive Deckel entweder 5–10 Minuten in einen Topf mit kochendem Wasser geben oder für etwa 10 Minuten in den 120 °C heißen Backofen stellen. **Achtung:** Wenn man die Gläser oder Flaschen wieder aus Topf oder Ofen holt, am besten eine Küchenzange benutzen, damit man sich dabei nicht verbrennt. Bis zum Befüllen umgedreht auf einem sauberen Küchentuch abtropfen lassen.

4 Gläser und Flaschen befüllen

Konfitüre, Sirup, Essig, … immer unmittelbar nach der Zubereitung in die frisch sterilisierten Gläser und Flaschen füllen, so ist eine optimale Haltbarkeit gewährleistet. Voraussetzung ist allerdings immer auch ein sauberer Arbeitsplatz. Darum am besten einen (breiten) Einfülltrichter fürs Befüllen zu Hilfe nehmen, um Kleckern zu vermeiden. Ist doch einmal etwas danebengegangen, dann nur mit sauberen Küchentüchern oder einem frischen Küchenpapier nachwischen. Die Gläser oder Flaschen bis maximal 1 cm unter den Rand füllen und sofort schließen. Ob man sie anschließend für einige Minuten auf den Kopf stellt, ist eine Glaubensfrage. Hat man den »Behälter« samt Deckel vorher sterilisiert, ist es eigentlich nicht notwendig. Einzige Ausnahme: Feste Bestandteile von Konfitüren verteilen sich so beim Festwerden besser.

5 Füllmenge

Bei den meisten Rezepten findet man eine Angabe zur Gesamtmenge, so können Sie selbst entscheiden, welche Gläser- oder Flaschengröße(n) Sie verwenden möchten. Dabei dient die Gesamtmenge nur zur Orientierung, da sowohl die Qualität der Lebensmittel als auch die Zubereitung noch Einfluss auf die endgültige Menge haben können. Im Zweifel lieber ein wenig großzügig kalkulieren. Bleibt nach dem Abfüllen doch ein Rest im Topf, kann der gleich vernascht werden. **Tipp:** Die Zutatenmengen ganz vieler Rezepte lassen sich problemlos verdoppeln, wenn man gleich auf Vorrat produzieren möchte.

8 Süß ist nicht gleich süß

Bei den Konfitürerezepten im Buch wird Gelierzucker 1:1 verwendet. Wenn Sie es weniger süß mögen, können Sie genauso Gelierzucker 1:2 oder 1:3 nehmen (die Dosierung gemäß der Verpackungsvorgabe anpassen, die Konfitüremenge reduziert sich dann etwas) – diese enthalten allerdings im Gegensatz zum 1:1-Gelierzucker zugesetzte Konservierungsstoffe.

Für bestimmte Kekse oder Süßigkeiten ist Roh-Rohrzucker nahezu unerlässlich. Das beste Aroma (malzig, karamellig) liefern dunkelbrauner Muscovado (feuchte, fein-sandige Konsistenz, manchmal auch »dark brown soft sugar« genannt) und Demerara (mittelgroße, hellbraune Kristalle) – beide findet man entweder in großen Supermärkten, Asienläden, Reformhäusern oder online (siehe Bezugsquellen Seite 158). Notfall-Ersatz: gängiger brauner Zucker.

6 Beschriften – immer, sofort!

Nichts ist ärgerlicher, als in seiner Vorratskammer auf ein Glas mit undefinierbarem Inhalt zu stoßen. Was ist da eigentlich drin, kann ich es noch bedenkenlos essen? Als Geschenk eignet sich dieses Glas dann sicher nicht mehr. Also alles unbedingt sofort nach der Herstellung beschriften! Die einfachste Methode: Das Herstellungsdatum und den Inhalt mit einem Folienstift auf dem Glasboden notieren (lässt sich später mit einem rauen Küchenschwamm entfernen), dann kann man die richtigen Etiketten zu einem späteren Zeitpunkt gestalten.

9 Der feine Unterschied

Gerade bei Zutaten wie etwa Salz und Gewürzen, Schokolade oder Olivenöl macht es wirklich Sinn, nicht mit Billigprodukten zu arbeiten. Selbstgemachtes aus der Küche ist – betrachtet man das einzelne Geschenk – meist ohnehin eine kostengünstige Geschenkvariante, warum also das Ergebnis durch minderwertige Produkte beeinträchtigen?

7 Haltbarkeit

Die bei den Rezepten angegebenen Haltbarkeitswerte sind ungefähre Richtwerte – immer vorausgesetzt, dass die verwendeten Lebensmittel einwandfrei waren und dass sauber gearbeitet und die selbst gemachten Köstlichkeiten auch vorschriftsmäßig gelagert wurden. Um etwas aus einem Glas zu entnehmen, sollte man nur saubere Löffel verwenden und niemals das verschmierte Buttermesser – dann hat man ebenfalls länger Freude an einem geöffneten Glas.

10 Verdorbenes bedingungslos entsorgen

Dieser Tipp richtet sich an Schenker und Beschenkte gleichermaßen: Alles Verdorbene immer wegwerfen, und zwar komplett! Es lohnt sich nicht für einen Löffel Pesto seine Gesundheit aufs Spiel zu setzen, auch wenn »nur ein winziges Fleckchen« verschimmelt ist. Sind Optik, Geruch oder Geschmack fragwürdig, oder beult sich der Deckel nach oben, dann gibt es keine Alternative. In diesem Zusammenhang sollte man auch den Rat beherzigen, Selbstgemachtes nicht unnötig lange aufzusparen (Vorratshaltung ausgenommen) – die meisten Köstlichkeiten benötigen keine zusätzliche Reifezeit.

Schön klassisch

Konfitüren & Gelees

Amarenakirschen

Müslibrot

Essig & Öl

Griebenschmalz

Ketchup

Müsliriegel

Cookies

Kuchen im Glas

Limonade

Sirup

Likör & Grappa

ERDBEERKONFITÜRE

Haltbarkeit: ungeöffnet bis zu 1 Jahr, geöffnet mindestens ein paar Wochen im Kühlschrank
Für: Frühstück und Brunch, als Plätzchenfüllung, zu Joghurt und Vanilleeis oder – besonders von Kindern heißgeliebt – Crêpes und Pfannkuchen damit bestreichen und aufrollen

Sonnengereifte Erdbeeren mit extra viel Aroma, am besten noch selbst gepflückt auf heimischen Feldern, können ganz einfach und im Handumdrehen zu dieser tiefroten Köstlichkeit eingekocht werden.

Zubereitungszeit: 30–45 Minuten (+ ein paar Stunden oder über Nacht Durchziehen)
Ergibt: etwa ¾ l

etwa 600 g Erdbeeren (es müssen nach dem Putzen 500 g Fruchtfleisch sein)
500 g Gelierzucker 1:1
Saft von ½ Zitrone
Twist-off-Gläser (sterilisiert)
Einfülltrichter (bei Bedarf)

1. Die Erdbeeren nach Bedarf waschen, Stielansätze sowie etwaige schadhafte Stellen entfernen, dann auf Küchenpapier abtropfen lassen. Die Beeren vierteln, mit Gelierzucker und Zitronensaft in einem großen Topf gut vermengen und für ein paar Stunden oder über Nacht abgedeckt ziehen lassen (wenn es mal schnell gehen muss, kann man die Beeren aber auch direkt weiterverarbeiten).

2. Dann die Twist-off-Gläser samt Deckel auf einem Küchentuch bereitstellen. Eventuell noch einen Einfülltrichter bereitlegen.

3. Die Früchte unter ständigem Rühren zum Kochen bringen und 5 Minuten sprudelnd kochen lassen, dabei darauf achten, dass nichts am Boden ansetzt. Wer keine großen Fruchtstücke in der Konfitüre mag, der kann die Erdbeeren nun noch mit einem Pürierstab zerkleinern. Hat sich Schaum gebildet, nimmt man diesen mit einem Schaumlöffel ab. Eine Gelierprobe machen: Ein wenig Konfitüre auf einen kalten Teller geben. Erstarrt der Klecks, kann die Konfitüre abgefüllt werden, zerläuft er, lässt man sie noch ein paar Minuten weiterkochen.

4. Die Konfitüre am besten mit Hilfe eines Einfülltrichters in die Gläser abfüllen (bis knapp 1 cm unter den Rand), dabei unbedingt sauber arbeiten. Die Gläser fest mit den Deckeln verschließen (ein Küchentuch hilft, sich dabei nicht die Finger zu verbrennen).

5. Die Erdbeerkonfitüre vollständig auskühlen lassen. Wölbt sich der Deckel nun nach unten und gibt auf Druck nicht mehr nach, dann ist ein Vakuum entstanden, und die Konfitüre kann bis zum Verschenken an einem dunklen kühlen Ort aufbewahrt werden. Sonst am besten gleich essen.

Varianten

Edel – 1 Vanilleschote auskratzen, Schote und Mark mit den Erdbeeren mitkochen. Die Vanilleschote vor dem Pürieren wieder entfernen.
Exotisch – Die Hälfte der geputzten Erdbeeren durch in kleine Würfel geschnittene reife Mangos oder Pfirsiche ersetzen.
Beerig – Die Hälfte der geputzten Erdbeeren durch andere frische Beeren ersetzen, etwa durch Himbeeren, Johannisbeeren, Brombeeren, ... Auch aufgetaute TK-Beeren sind eine Alternative! Für eine besonders samtige Konfitüre empfiehlt es sich, die Beeren durch ein feines Sieb zu passieren und nur das kernfreie Beerenpüree weiterzuverarbeiten (dann etwa ein Drittel mehr Beeren einplanen).
Säuerlich – Die Hälfte der geputzten Erdbeeren durch in fingerdicke Stücke geschnittenen Rhabarber ersetzen. Die Kochzeit eventuell um ein paar Minuten verlängern, bis der Rhabarber weich ist.

Verpackung & Deko

Für einen Single-Haushalt kleine Twist-off-Gläser (100–200 ml Inhalt) nehmen. Als Deckelhauben eignen sich hier Muffinspapierförmchen besonders gut (funktioniert nur bei kleinen Deckeln). Perfekt wird's mit einem kleinen Löffel dazu.

Haltbarkeit:
ungeöffnet bis zu
1 Jahr, geöffnet ein paar
Wochen im Kühlschrank

Für:
Frühstücksbrötchen,
Toast und Scones

CAIPIRINHA-GELEE

Dieses säuerliche Gelee ist nicht gerade der Klassiker fürs Frühstück, es sorgt eher beim Sonntagsbrunch und beim Five o' Clock Tea mit Scones für eine Überraschung.

Zubereitungszeit: 30–45 Minuten
Ergibt: etwa 600 ml

6 Bio-Limetten | 4–5 Zitronen
100 g Roh-Rohrzucker (z. B. Demerara)
100 ml Cachaça (Zuckerrohrschnaps)
400 g Gelierzucker 1:1 | Twist-off-Gläser
(sterilisiert)

1. Limetten heiß waschen, abtrocknen und von 3 Früchten die Schale (möglichst ohne die darunter liegende weiße, bittere Schicht) fein abreiben. Limetten und Zitronen auspressen, bis 300 ml Saft erreicht sind.

2. Rohrzucker und Cachaça in einem großen Topf aufkochen und 5 Minuten kochen und dabei leicht karamellisieren lassen. Zitrussaft und Gelierzucker zugeben und unter Rühren 4 Minuten kochen lassen (dabei aufpassen, dass nichts überschäumt, sonst den Topf kurz vom Herd nehmen). Nun die Limettenschale dazugeben und alles weitere 2 Minuten unter Rühren kochen lassen. Wie auf Seite 14 beschrieben eine Gelierprobe machen, Gelee in die Gläser abfüllen, auskühlen lassen und aufbewahren.

Verpackung & Deko: Klassisch wird es mit einer runden Deckelhaube aus Vichy-Karo-Stoff mit gezacktem Rand und einer farblich passenden Kordel.

ROSÉ-LITSCHI-GELEE

Zubereitungszeit: 20 Minuten
Ergibt: etwa 1 l

300 ml Litschisirup (z. B. von einer 600-g-Litschidose) | 50 g rote TK-Beeren (z. B. Himbeeren) | 300 ml fruchtiger Rosé (z. B. Spätburgunder) | Mark von 1 Vanilleschote (wer mag) | 600 g Gelierzucker 1:1 Twist-off-Gläser (sterilisiert)

1. In einem großen Topf Sirup mit Beeren, Rosé und eventuell Vanillemark aufkochen und 5 Minuten leicht köcheln lassen (für ein hellrosa Gelee: Beeren weglassen). Alles durch ein Sieb gießen und auffangen, Beeren leicht ausdrücken. Sirupwein mit Gelierzucker zurück in den Topf geben, 5 Minuten unter Rühren kochen lassen (das starke Schäumen legt sich zum Ende der Kochzeit wieder). Wie auf Seite 14 beschrieben eine Gelierprobe machen, Gelee in die Gläser abfüllen, auskühlen lassen und aufbewahren.

Verpackung & Deko: Eine Tortenspitze aus Papier (mit einem durchgezogenen Band) als Deckelhaube wirkt elegant-verspielt.

PFIRSICH-MANGO-KONFITÜRE MIT RUM

Zubereitungszeit: 30 Minuten
Ergibt: etwa 800 ml

etwa 2 Pfirsiche (es müssen nach dem Putzen 250 g Fruchtfleisch sein)
etwa 1 vollreife Mango (es müssen nach dem Putzen 250 g Fruchtfleisch sein)
50 ml Rum | 500 g Gelierzucker 1:1 | Twist-off-Gläser (sterilisiert)

1. Pfirsiche vierteln und die Kerne entfernen, die Viertel schälen und klein schneiden. Mango schälen und das Fruchtfleisch vom Stein schneiden, ebenfalls klein schneiden.

2. Die Früchte zusammen mit Rum und Gelierzucker in einen großen Topf geben. Unter Rühren zum Kochen bringen und 5 Minuten kochen lassen, dabei immer wieder umrühren. Dann alles, wenn gewünscht, mit einem Pürierstab zerkleinern. Wie auf Seite 14 beschrieben eine Gelierprobe machen, die Konfitüre in die Gläser abfüllen, auskühlen lassen und aufbewahren.

Verpackung & Deko: Karierte Schraubdeckel mit Klebeetiketten (über den Deckeln) sind eine schnelle Lösung. Etiketten-Vorlagen zum Download (siehe Seite 153).

HIMBEER-RHABARBER-KONFITÜRE

Zubereitungszeit: 30 Minuten
Ergibt: etwa ¾ l

300 g Rhabarber | 300 g frische oder tiefgekühlte Himbeeren (TK-Ware aufgetaut)
1 Vanilleschote | 500 g Gelierzucker 1:1 | Twist-off-Gläser (sterilisiert)

1. Rhabarber waschen, putzen, in fingerdicke Scheiben schneiden. Frische Himbeeren abbrausen und abtropfen lassen. Die Himbeeren mit einem Pürierstab zerkleinern und durch ein feines Sieb streichen. Vanilleschote längs aufschneiden, Mark herauskratzen.

2. Das Himbeerpüree (200–250 g) und die Rhabarberstücke zusammen mit Vanillemark und Gelierzucker in einem großen Topf vermengen und alles unter Rühren zum Kochen bringen. 5 Minuten sprudelnd kochen lassen, dabei ab und zu umrühren. Für eine sehr samtige Konfitürenkonsistenz den Rhabarber noch mit dem Pürierstab zerkleinern.

3. Wie auf Seite 14 beschrieben eine Gelierprobe machen, die Konfitüre in die Gläser abfüllen, auskühlen lassen und aufbewahren.

Verpackung & Deko: Einzelne Buchstaben-Aufkleber ersetzen das Etikett.

AMARENAKIRSCHEN

Haltbarkeit: ungeöffnet bis zu 1 Jahr, geöffnet ein paar Wochen im Kühlschrank
Für: den allerbesten Eisbecher mit Früchten, Schokospänen und ganz viel Schlagsahne,
aber auch gut zu Joghurt, Obstsalat, Milchreis und Grießbrei

Zubereitungszeit: 45 Minuten
(+ mindestens 6 Stunden oder
über Nacht Durchziehen)
Ergibt: 400–500 ml

etwa 600 g dunkle, schön feste
   Süßkirschen (es müssen 500 g
   entsteinte Kirschen sein)
400 g Zucker
Saft von ½ Zitrone
150 ml Mandellikör
   (z. B. Amaretto)
100 g Gelierzucker 1 : 1
Kirschentkerner
Einfülltrichter (bei Bedarf)
Twist-off-Gläser (sterilisiert)

1. Kirschen waschen, trocken tupfen und entkernen. Dazu legt man sie am besten so in den Entkerner, dass die Kirschen von oben am Stielansatz durchstoßen werden. Dann zusammen mit den übrigen Zutaten (bis auf den Gelierzucker) in eine große Schüssel füllen und gut vermengen, möglichst ohne die Kirschen zu beschädigen. Mindestens 6 Stunden (oder über Nacht) abgedeckt ziehen lassen, dabei gelegentlich umrühren, damit sich der Zucker möglichst vollständig auflöst und die Früchte ordentlich Saft ziehen.

2. Dann alles in einen Topf gießen, dabei aber die Kirschen in einem Sieb auffangen, gut abtropfen lassen und zur Seite stellen. Den Saft zum Kochen bringen und unter gelegentlichem Rühren etwa um ein Drittel zu einem leicht eingedickten Sirup einkochen lassen. Nun die Kirschen und den Gelierzucker dazugeben und alles weitere 5 Minuten kochen lassen, dabei öfter umrühren.

3. Amarenakirschen am besten mit Hilfe eines Einfülltrichters in die Gläser füllen: Erst die Kirschen einschichten, dann jeweils bis knapp unter den Glasrand mit Sirup aufgießen. Dabei darauf achten, dass alle Kirschen gut mit Sirup bedeckt sind. Die Gläser fest verschließen, 10 Minuten auf den Kopf stellen, dann wieder umdrehen und ganz leicht schütteln, damit im Sirup versteckte Luftbläschen nach oben entweichen können.

4. Die Amarenakirschen vollständig auskühlen lassen. Dann bis zum Verschenken dunkel und kühl aufbewahren. Je länger die Kirschen im Glas durchziehen können, desto besser wird ihr Aroma und auch ihre Konsistenz.

Variante

Beschwipstes Obst – Gemischte, nicht zu große frische Früchte (z. B. Kirschen, Zuckeraprikosen) verlesen, waschen und sorgfältig trockentupfen oder Trockenfrüchte verwenden (z. B. Datteln, Feigen, Dörrpflaumen). Mit 1 Zimtstange oder Vanilleschote in die Gläser füllen. Je 100 g Früchte 25 g Zucker oder Kandis über dem Obst verteilen, dann mit mindestens 40 %igem Weinbrand oder Rum aufgießen, bis alle Früchte bedeckt gut sind. Haltbarkeit: an einem dunklen und kühlen Ort mehrere Monate.

Verpackung & Deko

Nicht nur Stoffhauben lassen sich kunstvoll besticken (Motiv mit Bleistift leicht vorzeichnen), auch Papier oder Karton eignen sich dafür. Bei stärkerem Papier und Karton empfiehlt es sich, das Motiv zuerst mit der Nadel vorzustanzen.

MÜSLIBROT

Haltbarkeit: ein paar Tage im Brotkasten, am besten schmeckt es jedoch frisch
Für: Brunch und Picknick oder als Brotzeit-Mitbringsel (vielleicht zusammen mit einem Töpfchen Salz zum Einzug in eine neue Wohnung)

Das Originalrezept stammt von Petra Holzapfel, einer leidenschaftlichen Hobby-Bäckerin aus dem Bayrischen Wald, deren Brotkreationen – auch als Geschenk – immer für Begeisterung sorgen. Brot und Salz zu verschenken, ist übrigens ein schöner Brauch, um neue Nachbarn willkommen zu heißen oder guten Freunden nach einem anstrengenden Umzug eine Freude zu bereiten.

**Zubereitungszeit: 40 Minuten
(+ 30 Minuten Quellen,
mindestens 1½ Stunde Gehen
und 25–30 Minuten Backen)
Ergibt: 2 kleine Brote**

100 g 5-Korn-Flocken (+ etwas
   mehr zum Bestreuen)
150 ml Milch | 1 TL Honig
75 g getrocknete Aprikosen
2–3 EL getrocknete Cranberrys
2–3 EL Pistazienkerne
50 g Haselnüsse
gut ¼ Würfel Hefe (15 g)
375 g Weizenmehl Type 1050
   (+ etwas mehr zum Arbeiten)
1–2 TL feines Meersalz (10 g)
etwas Öl (zum Einfetten)
1 Ei (L)

1. Die 5-Korn-Flocken zusammen mit der Milch, 130 ml Wasser und dem Honig in der Schüssel der Küchenmaschine vermengen und in mindestens 30 Minuten aufquellen lassen. Die Trockenfrüchte grob hacken und mit den Pistazien und Nüssen in einer Schüssel vermischen (eventuell 1 EL Haselnüsse grob hacken und zum Bestreuen aufheben).

2. Hefe in 50 ml lauwarmem Wasser auflösen, mit Mehl und Salz zu den Flocken geben. Auf niedriger Stufe mit dem Knethaken 2–3 Minuten verkneten. Dann Geschwindigkeit leicht erhöhen und so lange kneten lassen, bis der Teig sich vom Schüsselrand gelöst hat (insgesamt dauert das 6–8 Minuten).

3. Teig auf der bemehlten Arbeitsfläche zu einem Rechteck ziehen und die Frucht-Nuss-Mischung gleichmäßig auf einer Hälfte verteilen, die andere Hälfte darüberklappen und den Teig so lange von Hand kneten, bis Früchte, Kerne und Nüsse gut im Teig verteilt sind. Zu einer Kugel formen und in einer leicht eingefetteten Schüssel an einem warmen Ort abgedeckt mindestens 1 Stunde gehen lassen, bis sich das Teigvolumen verdoppelt hat.

4. Dann den Teig in zwei gleich große Stücke teilen und zu länglichen Broten formen. Dabei darauf achten, dass die Oberfläche intakt bleibt und sich möglichst wenig Nüsse, Kerne oder Früchte nach außen durchbohren. Ei verschlagen und die Brote damit einpinseln, mit Haferflocken (und grob gehackten Haselnüssen) bestreuen.

5. Die Brote zugedeckt auf der bemehlten Arbeitsfläche nochmals 30 Minuten gehen lassen. Inzwischen den Backofen auf 220 °C (Umluft 200 °C) vorheizen, dabei schon ein Backblech (oder einen Backstein) auf mittlerer Höhe platzieren.

6. Backblech (oder Backstein) mit einem Bogen Backpapier belegen und die Brote darauflegen. Wer mag, kann vor dem Schließen des Ofens noch etwas Wasser an die Ofenwände spritzen, um mehr Dampf zu erzeugen, dann die Ofentür aber schnell zumachen. Die Brote 20 Minuten backen, dann das Backpapier unter den Broten wegziehen und die Brote in weiteren 5–10 Minuten fertig backen. Wenn das Brot zu schnell zu dunkel wird, mit Alufolie abdecken. Die fertigen Brote aus dem Ofen nehmen und vollständig auf einem Rost auskühlen lassen. Möglichst noch am gleichen Tag verschenken.

Verpackung & Deko
Praktisch und dekorativ zugleich: hübsche Fertigbackformen, in denen manche Bäckereien ihr Brot verkaufen, wiederverwerten. Für längere Haltbarkeit das Brot zunächst in Zellophanfolie, dann in Pergamentpapier einschlagen.

KRÄUTERÖL

Ein aromatisches Kräuteröl baut dem Dilemma vor, keine frischen Kräuter im Haus zu haben. Ganz egal ob das feine Öl unter das Salatdressing gemischt oder über ein Crostini geträufelt wird, es duftet und schmeckt einfach nach mehr! Besonders vielseitig ist ein reines Basilikumöl, aber auch eine Mischung aus verschiedenen Kräutern ergibt ein tolles Ergebnis.

Haltbarkeit:
ein paar Monate
(dunkel und kühl)
Für:
Salate oder Antipasti,
zum Dippen mit
Brot

**Zubereitungszeit: 15 Minuten
(+ 1–2 Tage Durchziehen)
Ergibt: etwa ½ l**

**30 g Kräuter (solo oder auch gemischt,
   z. B. Basilikum, Petersilie, Koriandergrün)
100 ml Sonnenblumen- oder Rapsöl
400 ml fruchtiges Olivenöl
gut verschließbare Flaschen (sterilisiert)**

1. Die Kräuterblättchen von den Stängeln zupfen und ganz kurz in kochendes Wasser eintauchen (10–15 Sekunden reichen vollkommen), dann in einer Schüssel mit eiskaltem Wasser abschrecken – so bleibt die grüne Farbe besser erhalten.

2. Kräuterblätter zuerst mit der Hand ausdrücken, dann auf einem Küchentuch verteilen und dieses fest aufrollen und auswringen, um so viel Wasser wie möglich aus den Kräutern zu entfernen.

3. Die Kräuter in einen hohen Rührbecher geben, mit dem Sonnenblumen- oder Rapsöl begießen (diese werden im Gegensatz zu vielen Olivenölen beim Pürieren nicht bitter) und dann mit einem Pürierstab zerkleinern. Das Öl in ein sauberes Gefäß umfüllen, mit dem Olivenöl aufgießen und fest verschließen. An einem dunklen und kühlen Ort 1–2 Tage ziehen lassen, dabei mehrfach schwenken.

4. Das Kräuteröl durch ein feines Sieb filtern (siehe auch Tipps), dabei mit einer Schöpfkelle noch behutsam die Ölreste aus den Kräutern pressen. Kräuteröl in die Flaschen abfüllen, gut verschließen und bis zum Verschenken dunkel und kühl aufbewaren.

Tipps

Wichtig – Damit zum Schluss möglichst wenig Kräuterreste im Öl verbleiben, das Sieb am besten mit einem Mull- oder Passiertuch auslegen. Und das Öl falls notwendig auch zweimal filtern.
Extragrünes Kräuteröl – Wer eine besonders intensive Farbe erzielen möchte, der muss dies schon bei der Auswahl der Kräuter beachten. Basilikum eignet sich zum Beispiel viel besser als Salbei oder Rosmarin. Wer bei der Farbe noch ein wenig nachhelfen mag, der kann auch einige frische Spinatblätter mitverwenden und diese wie links beschrieben verarbeiten.

Verpackung & Deko

Öl und Essig lassen sich auch als Set verschenken. Rustikal anmutende Bügelflaschen eignen sich ebenso gut wie ausgefallene Flaschenformen, die man in Glas- und Flaschenläden oder im Internet kaufen kann (siehe Bezugs- quellen Seite 158).

HIMBEERESSIG

Selbst gemachter Fruchtessig lässt sich in allen erdenklichen Varianten zubereiten, Himbeeressig ist dabei noch die klassischste Version. Abgesehen von der Verwendung für Salatdressings, entfaltet dieser tiefrote Essig sein ganzes Potenzial und Aroma, wenn er zum Ablöschen von dunklem Bratenfond (vor allem bei Wildgerichten einzigartig) verwendet wird. Wahrscheinlich eines der am schnellsten und einfachsten zuzubereitenden Geschenke aus der Küche!

Zubereitungszeit: 10 Minuten
(+ 1 Woche Durchziehen)
Ergibt: etwa ½ l

½ l Weißweinessig
100 g Himbeeren (klappt besonders gut
mit TK-Früchten)
ein paar Pfefferkörner oder 1 kleines Stück
Ingwer (wer mag)
gut verschließbare Flaschen (sterilisiert)

1. Am besten funktioniert es mit einem kleinen Trick: Man kauft eine 0,75-l-Flasche Weißweinessig mit einem nicht zu engen Hals und entnimmt ¼ l Essig (z. B. für den Eigengebrauch). Falls vorhanden, den Plastikausgießer entfernen. Natürlich kann man auch jede andere saubere Flasche oder ein großes Twist-off-Glas zu diesem Zweck verwenden.

2. Nun die Himbeeren vorsichtig abbrausen und trocken tupfen, dann direkt in die Flasche fallen lassen (tiefgekühlte Himbeeren können gleich in die Flasche). Wer mag, gibt noch den Pfeffer dazu oder schält den Ingwer, schneidet ihn in Scheiben und steckt diese ebenfalls mit in die Flasche. Die Flasche wieder gut verschließen und den Essig an einem dunklen, kühlen Ort 1 Woche durchziehen lassen, dabei täglich umdrehen und behutsam durchschwenken.

3. Nach der Woche hat sich die Farbe des Essigs tiefrot gefärbt, und er hat ein unbeschreibliches Beerenaroma bekommen. Den Essig nun durch ein feines Sieb gießen, um die Himbeeren zu entfernen. Wem das Aroma des Essigs noch nicht kräftig genug ist, der kann noch ein klein wenig Himbeersaft aus den Früchten herauspressen. Dann den Himbeeressig in die Flaschen abfüllen, gut verschließen und bis zum Verschenken an einem dunklen, kühlen Ort aufbewahren.

Varianten

Rote Beeren eignen sich ganz besonders gut zum Aromatisieren von Essig – Cranberrys, Johannisbeeren oder Granatapfelkerne lassen sich wie die Himbeeren verwenden und ergeben auch optisch einen sehr ansprechenden Essig. Dabei ist Weißweinessig immer die erste Wahl, da er Geschmack und Farbe der Aromazutaten am besten zur Geltung bringt.

Verpackung & Deko

Gerade bei Essig- und Öl-Geschenken unheimlich praktisch: Korken oder Schraubdeckel mit einem integrierten Ausgießer. Etiketten-Vorlagen zum Download (siehe Seite 153).

Haltbarkeit:
ein paar Monate
(dunkel und kühl)

Für:
Blattsalate, zum Verfeinern von dunklen
(Wild-)Saucen

ZITRUSÖL

**Zubereitungszeit: 20 Minuten
(+ 1 Woche Durchziehen)
Ergibt: etwa ½ l**

**1 Bio-Zitrone | 1 Bio-Limette
1 Bio-Orange | ½ l mildes Olivenöl
gut verschließbare Flaschen (sterilisiert)**

1. Die Zitrusfrüchte heiß waschen und sehr gut trocken reiben. Die Schale der Früchte fein abreiben, dabei darauf achten, dass möglichst wenig von der darunterliegenden weißen Haut mit abgerieben wird – diese hat eine unangenehm bittere Note.

2. Abgeriebene Zitrusschale und das Olivenöl in ein großes, sauberes Gefäß geben, gut verschließen und ein paar Mal durchschwenken. Das Olivenöl an einem dunklen, kühlen Ort 1 Woche durchziehen lassen, dabei ab und zu durchschwenken, damit das Öl die Aromen noch etwas besser annimmt.

3. Das Zitrusöl durch ein feines Sieb filtern, es sollen möglichst keine Schalenreste mehr im Öl enthalten sein, da diese die Haltbarkeit negativ beeinflussen würden (siehe auch Tipps). Das Zitrusöl in die Flaschen abfüllen, gut verschließen und bis zum Verschenken an einem dunklen, kühlen Ort aufbewahren.

Tipps: Damit keine Zitrusschalenreste mehr in dem Öl sind, das Sieb am besten mit einem Mull- oder Passiertuch auslegen. Und das Öl eventuell auch zweimal filtern. Plant man aber das Zitrusöl binnen 1 Woche zu verbrauchen, können die abgeriebenen Schalen im Öl verbleiben und mitverzehrt werden.

Varianten: Das Zitrusöl lässt sich in verschiedenste Richtungen abwandeln.

Sehr gut harmonieren zum Beispiel Kräuter, die man zusammen mit den Zitrusschalen durchziehen lässt. Für ein kräftiges Aroma die Kräuter vorher im Mörser andrücken (z. B. Rosmarin, Thymian) oder zerkleinern und überbrühen (siehe Kräuteröl Seite 22).

Das Öl lässt sich auch asiatisch abwandeln: Dazu 1 Stange leicht geklopftes Zitronengras, ein paar rote oder grüne Chilischoten, Ingwerscheibchen und angeröstete Gewürze wie Kreuzkümmel und Koriander zufügen. Um eine längere Haltbarkeit zu gewährleisten, müssen auch diese Zutaten nach dem Ziehen wieder herausgesiebt werden.

Oder statt des Olivenöls eine andere milde Ölsorte wie Sonnenblumen- oder Rapsöl verwenden. Natürlich kann man mit der gleichen Methode auch ein reines Zitronen-, Limetten- oder Orangenöl herstellen, aber durch die Verwendung verschiedener Zitrusfrüchte wird der Geschmack der Öls ganz besonders harmonisch und rund.

Verpackung & Deko: Entfernt man die alten Etiketten, lassen sich gebrauchte Getränkeflaschen mit neu dazugekauften Korken prima wiederverwenden. Sterilisieren (siehe Seite 10) nicht vergessen!

MANGOESSIG

Zubereitungszeit: 15 Minuten (+ 1 Woche Durchziehen)
Ergibt: etwa ½ l

50–75 g getrocknete Mangos (andere Trockenfrüchte eignen sich auch, verleihen dem Essig aber kein so unglaublich intensives Aroma und nicht diese Farbe)
½ l Weißweinessig | gut verschließbare Flaschen (sterilisiert)

1. Die Mangos in dünne Streifen schneiden und in ein sauberes Gefäß mit weiter Öffnung geben. Den Essig erwärmen (etwa 40 °C) und über die Mangostücke gießen, kurz durchschwenken und verschließen. Essig an einem dunklen, kühlen Ort 1 Woche durchziehen lassen, dabei mehrfach schwenken.

2. Dann den Essig durch ein feines Sieb filtern (siehe Tipps links), die Mangostücke ausdrücken. Den Mangoessig in die Flaschen abfüllen, gut verschließen und bis zum Verschenken an einem dunklen, kühlen Ort aufbewahren.

Verpackung & Deko: Kombiniert man verschiedene gemusterte Papiere bei Etikett und Streifen über dem Korken, wird aus einer simplen Essigflasche ein kleines Kunstwerk.

THYMIAN-HONIG-ESSIG

Zubereitungszeit: 15 Minuten (+ 1 Woche Durchziehen)
Ergibt: etwa ½ l

1 kleines Bund Thymian (etwa 10 Zweige) | 50 g Honig | ½ l Weißweinessig gut verschließbare Flaschen (sterilisiert)

1. Den Thymian abbrausen, auf einem Küchentuch abtropfen und vollständig trocknen lassen (sonst besteht Schimmelgefahr). Dann die Kräuterzweige in ein sauberes Gefäß mit weiter Öffnung geben. Den Essig erwärmen (etwa 40 °C) und den Honig darin auflösen. Honigessig zum Thymian gießen und kurz durchschwenken, das Gefäß gut verschließen. Den Essig an einem dunklen, kühlen Ort 1 Woche durchziehen lassen, dabei mehrfach schwenken.

2. Dann den Essig durch ein feines Sieb filtern (siehe Tipps links) und in die Flaschen abfüllen, verschließen. Bis zum Verschenken an einem dunklen, kühlen Ort aufbewahren.

Verpackung & Deko: Campari- oder Crodino-Fläschchen eignen sich (sterilisiert) für Mini-Mitbringsel. In Flaschenläden gibt es die passenden Korken und Verschlüsse.

GRIEBENSCHMALZ

Zubereitungszeit: 45 Minuten
Ergibt: etwa 600 ml

500 g fetter Schweinerückenspeck
1 Zwiebel
1 Apfel (säuerliche Sorte)
feines Meersalz
frisch gemahlener schwarzer Pfeffer
Twist-off-Gläser oder Einmachgläser
   (sterilisiert)

1. Den Schweinespeck etwa 1 cm groß würfeln, in einen großen Topf geben und bei mittlerer Hitze unter gelegentlichem Rühren auslassen. Dabei kann es immer mal wieder etwas spritzen, also Vorsicht – und eventuell einen Spritzschutz oder Topfdeckel (nicht ganz, sondern nur leicht schräg auflegen) verwenden.

2. Die Zwiebel schälen und fein würfeln. Den Apfel vierteln, entkernen und schälen, dann in Spalten schneiden und diese quer in dünne Scheibchen. Zwischendurch immer wieder mal nach den Grieben sehen und diese umrühren.

3. Wenn die Grieben nach etwa 15 Minuten beginnen, eine goldene Farbe anzunehmen, die vorbereiteten Zwiebel- und Apfelstücke zugeben (es schäumt zuerst heftig, legt sich aber auch schnell wieder). Mit Salz und Pfeffer würzen.

4. Sobald auch die Zwiebel und der Apfel eine goldbraune Farbe angenommen haben, alles durch ein großes Metallsieb abgießen und das Schmalz auffangen (keinesfalls ein Sieb und eine Schüssel aus Plastik verwenden!).

5. Die festen Zutaten auf die Gläser verteilen. Mit dem flüssigen Schweineschmalz aufgießen, dann die Gläser verschließen und das Griebenschmalz auskühlen lassen. Bis zum Verschenken an einem dunklen, kühlen Ort aufbewahren.

Varianten
Wer mag, kann dem Schmalz noch Extra-Würze geben. Dafür 3–5 Knoblauchzehen schälen, in feine Scheiben schneiden und mit 1 EL getrocknetem Thymian nach dem Würzen mit Salz und Pfeffer unter das Schmalz mischen.

Tipp
Ein rustikales Bauernbrot, üppig mit Griebenschmalz bestrichen und in mundgerechte Stückchen geschnitten, ist ein willkommener Auftakt für ein zünftiges Menü. Für eine bunte Auswahl, die jedem Gaumen etwas bietet, belegt man die anderen Brote mit fein geschnittenen Schnittlauchröllchen und Radieschen.

Verpackung & Deko
Rot karierte Stoffhauben und Bänder im Trachten-Look passen ganz besonders gut zum deftigen Griebenschmalz. Dazu noch eine Brottüte mit einem frisch gebackenen Brot – fertig ist die Brotzeit!

Haltbarkeit:
ein paar Wochen
(dunkel, kühl), im Kühlschrank noch länger

Für:
Brotzeit auf rustikalem
Bauernbrot

KETCHUP

Zubereitungszeit: 20 Minuten
(+ 20–30 Minuten Kochen)
Ergibt: etwa 400 ml

1 Stück Ingwer (etwa 1 cm)
10–15 schwarze Pfefferkörner
2 Lorbeerblätter
2 Nelken
500 g Dosentomaten (siehe Tipp)
1 kleine Stange Staudensellerie
1 Knoblauchzehe
1 kleine Schalotte
¼–½ große rote Chilischote
¼ TL gemahlene Steinpilze
2–3 EL dunkelbrauner Roh-Rohrzucker
    (z. B. Muscovado)
100 ml Weißweinessig
¼ TL gemahlene, getrocknete Jalapeños
    (wer mag)
etwa ½ TL feines Meersalz
Teefilter aus Papier
gut verschließbare Flaschen (sterilisiert)

1. Den Ingwer schälen, in Scheiben schneiden und zusammen mit Pfefferkörnern, Lorbeerblättern und Nelken in den Teefilter geben und zu einem kleinen Gewürzsäckchen binden (so lässt sich später alles leichter entfernen).

2. Die Stielansätze der Dosentomaten entfernen und die Tomaten in einen Topf geben. Sellerie waschen, putzen, dritteln und dazugeben. Knoblauch und Schalotte schälen, fein würfeln, Chilischote waschen und in feine Ringe schneiden, alles dazugeben. Restliche Zutaten samt des vorbereiteten Gewürzsäckchens ebenfalls zugeben.

3. Den Topf auf den Herd stellen und den Inhalt aufkochen. Dann alles bei geringer bis mittlerer Hitze 20–30 Minuten einkochen lassen, dabei gelegentlich umrühren. Gewürzsäckchen und die Selleriestücke entfernen, die Tomatensauce mit einem Püerierstab fein durchmixen und mit Salz abschmecken. Eventuell noch ein wenig weiter einköcheln lassen, bis die Konsistenz stimmt, es soll ein sämiger Ketchup sein.

4. Den Ketchup heiß in die Flaschen füllen, gut verschließen und auskühlen lassen. Bis zum Verschenken im Kühlschrank aufbewahren.

Tipp
Natürlich lässt sich Ketchup auch mit frischen Tomaten zubereiten, aber mit besten italienischen Dosentomaten (etwa der Sorte San Marzano) erreicht man das ganze Jahr über ein unvergleichlich gutes Ergebnis.

Variante
Für ein bisschen Abwechslung ein Drittel der Tomaten durch geröstete Paprikaschoten (siehe Seite 50) oder frische Aprikosen oder Mango ersetzen.

Verpackung & Deko
Saucenflaschen aus dem Alltag lassen sich toll recyceln (Etikett entfernen, Flasche sterilisieren, Deckel bekleben, Seite 151). Ein weiter Flaschenhals erleichtert das Ausgießen dickflüssiger Saucen.

Haltbarkeit:
ein paar Wochen
(im Kühlschrank)

Für:
Schinken-Käse-Toast
& Co., zu Pommes,
Würstchen

MÜSLIRIEGEL MIT FRÜCHTEN

Haltbarkeit: luftdicht verschlossen bis zu 2 Wochen
Für: das Energietanken nach dem Joggen, Radfahren und Bergwandern oder nach dem Umzug, als gesunder Snack zwischendurch für die Schulpause oder im Büro

Diese süßen Energiespender sind äußerst praktisch zu transportieren (sie passen in jeden Rucksack und alle Aktentaschen!) und stillen den kleinen Hunger im Nu.

**Zubereitungszeit: 20 Minuten
(+ 20 Minuten Kühlen)
Ergibt: 12–14 Stück**

**100 g Mandelblättchen
50 g Kokosraspel
75 g kernige Haferflocken
50 g Butter
50 g dunkelbrauner Roh-Rohr-
    zucker (z. B. Muscovado)
50 g heller Sirup (z. B. Golden
    Syrup, heller Zuckerrübensirup
    oder Ahornsirup)
1 EL Honig
1 TL Vanilleextrakt (wer mag)
50 g Trockenfrüchte (z. B. Mango
    und Cranberrys)
1 Prise feines Meersalz
50 g Rice Krispies**

1. Backofen auf 175 °C (Umluft 160 °C) vorheizen, ein Backblech mit Backpapier auslegen. Mandeln, Kokosraspel und die Haferflocken vermischen und auf dem Backblech verteilen. Im Ofen (Mitte) in etwa 10 Minuten leicht Farbe annehmen lassen, dabei öfter durchmengen, um einen gleichmäßigen Bräunungsgrad (nicht zu dunkel!) zu erreichen.

2. Butter, Zucker, Sirup, Honig und eventuell Vanilleextrakt unter Rühren in einem Topf aufkochen, bis sich der Zucker aufgelöst hat und ein dicker, brauner Sirup entstanden ist, vom Herd nehmen. Die Trockenfrüchte je nach Größe klein würfeln.

3. Mandel-Flocken-Mischung aus dem Ofen holen und zusammen mit Salz und Rice Krispies in eine Schüssel geben. Nun den Sirup sowie die Trockenfrüchte dazugeben und alles gründlich vermengen.

4. Eine rechteckige Form (etwa 22 x 30 cm, notfalls geht auch eine 28-cm-Springform) mit Backpapier auslegen und die Ränder an den Seiten etwas überstehen lassen. Die Masse mit befeuchteten Handflächen oder einem großen Spatel fest in die Form drücken, bis die Oberfläche schön glatt ist. Zum Festwerden 20 Minuten in den Kühlschrank stellen.

5. Die Form aus dem Kühlschrank nehmen, Müslibarren mit Hilfe des Backpapiers vorsichtig aus der Form heben und mit einem großen Sägemesser in einzelne Riegel schneiden. Bis zum Verschenken an einem dunklen, kühlen Ort in einer luftdicht verschlossenen Dose aufbewahren.

Varianten

Lust-und-Laune-Mix – Hat man erst mal ein Gefühl für das Verhältnis von feuchten zu trockenen Zutaten entwickelt, dann sind der eigenen Fantasie keine Grenzen mehr gesetzt. Für die Riegel eignen sich fast alle Zutaten, die man sich auch in einem Müsli vorstellen kann, sie müssen unter Umständen nur klein gehackt werden, damit die fertigen Riegel nicht so leicht brechen. Die 50 g Trockenfrüchte lassen sich etwa durch Haselnüsse, Kürbiskerne oder gehackte Schokolade ersetzen.

Hingucker – Sehr dekorativ im Müsliriegel sehen getrocknete bunte Blüten aus. Allerdings sollte man sie vorsichtig dosieren, da sonst ihr Geschmack zu aufdringlich werden kann (z. B. bei Rosenblüten). Blaue Kornblumenblüten beispielsweise sind recht dezent im Geschmack, fallen optisch aber trotzdem gleich auf.

Verpackung & Deko

Einzelne oder mehrere Riegel lassen sich sehr gut in Zellophanfolie oder Wachspapier einschlagen (die offenen Enden mit kleinen Stickern oder einem dekorativen Klebeband befestigen). Schneidet man den Müslibarren in kleine Würfel, dann eignen sich auch Gläser, Dosen oder Zellophantütchen als Geschenkverpackung.

CHOCOLATE CHIP COOKIES

Haltbarkeit: luftdicht verschlossen bis zu 2 Wochen, am besten schmecken sie aber frisch
Für: den großen Keksteller oder einfach für zwischendurch, perfekt mit einem Glas kalter Milch, frisch gebrühtem Tee oder heißer Schokolade

Chocolate Chip Cookies sind eine eigene Philosophie, und ich habe einige Zeit gebraucht, bis ich mit meinem Rezept zufrieden war. Zwei Punkte sind besonders wichtig: Die gebräunte Butter, die den Cookies eine leicht nussige Note verleiht, und die Backzeit – diese Kekse müssen unbedingt einen Tick zu früh aus dem Ofen, dann haben sie diesen zähen Kern, der sie besonders unwiderstehlich macht!

**Zubereitungszeit: 30 Minuten
(+ 30 Minuten Abkühlen und
12–14 Minuten Backen)
Ergibt: etwa 35 Stück**

**150 g Butter
150 g Zartbitterschokolade
(50–70 % Kakao)
150 g dunkelbrauner Roh-Rohrzucker (z. B. Muscovado)
50 g weißer Zucker
1 Ei (L) | 1 Eigelb (L)
225 g Mehl (Typ 550)
½ TL Natron
knapp ½ TL feines Meersalz
flockiges Meersalz (z. B. Fleur de
Sel oder Maldon)**

1. Die Butter in einem kleinen Topf bei mittlerer Hitze schmelzen und langsam bräunen (in einem hellen Topf lässt sich der Bräunungsgrad besser kontrollieren), dabei immer wieder mit einem Gummispatel den Topfboden abstreichen. Sobald die festen Bestandteile der Butter goldbraun sind, und es nussig zu duften beginnt, den Topf vom Herd nehmen und die Butter in ein anderes Gefäß füllen (verlangsamt Bräunungsprozess). Die braune Butter mindestens 30 Minuten abkühlen lassen. Die Schokolade grob hacken.

2. Backofen auf 175 °C (Umluft 160 °C) vorheizen, zwei Backbleche mit Backpapier auslegen. Beide Zuckersorten, Ei und Eigelb in eine große Schüssel geben und mit den Quirlen des Handrührgeräts (noch besser: Küchenmaschine mit Flachrührer) mindestens 3 Minuten verschlagen, bis die Masse hell und cremig wird, und sich die Zuckerkristalle fast komplett aufgelöst haben. Abgekühlte braune Butter zufügen und 2 Minuten unterrühren. Nun Mehl und Natron auf die Masse sieben, das feine Meersalz dazugeben und alles nur solange unterrühren, bis der Teig eine gleichmäßige Konsistenz erlangt hat. Zuletzt Schokolade kurz unterrühren.

3. Mit einem Esslöffel nach und nach gut walnussgroße Häufchen vom Teig abstechen, zu Kugeln rollen, mit großzügigem (!) Abstand auf die Bleche setzen und leicht flach drücken. Ganz wenig mittelgrobes Salz darüberstreuen und die Plätzchen im Ofen (Mitte) 12–14 Minuten backen.

4. Cookies aus dem Ofen nehmen, wenn sich die Mitte der Kekse bei sanftem Fingerdruck noch etwas weich anfühlt. Cookies 3 Minuten auf den Blechen abkühlen, dann auf einem Kuchengitter auskühlen lassen. Bis zum Verschenken in einem luftdicht verschlossenen Behälter aufbewahren.

Tipp
Dieser Teig entfaltet seinen vollen Geschmack, wenn er 1–2 Tage in Frischhaltefolie eingewickelt im Kühlschrank ruhen kann. Unbedingt mal probieren!

Varianten
Nussig – Die Hälfte der Schokolade durch 75 g gehackte, geröstete und gesalzene Macadamia- oder Erdnüsse ersetzen.
Fruchtig – Die Schokolade durch 25 g Kokoschips, 25 g kernige Haferflocken, 25 g Pistazienkerne und 50 g getrocknete Cranberrys ersetzen.
Schoko-Spezial – Die Schokolade durch gehackte Schokolinsen oder -riegel oder durch Kakaonibs (geröstete, zerstoßene Kakaobohnen) ersetzen.

Verpackung & Deko
Take-away-Verpackungen eignen sich super zum Verschenken und können – vorausgesetzt sie sind sauber – sogar wiederverwendet werden.

LIEBLINGS-SCHOKOTALER

Haltbarkeit: luftdicht verschlossen bis zu 1 Woche
Für: zwischendurch, echte Schokoholics und von Liebeskummer geplagte Freundinnen
– schmeckt wunderbar mit einem Glas eiskalter Milch oder mit Kakao

Diesen Cookies kann keiner widerstehen – wer sie einmal probiert hat, um den ist es für immer geschehen. Kennt man dazu noch den Lieblingsschokoriegel des Beschenkten, kann man daraus sogar eine maßgeschneiderte Sonderanfertigung kreieren. Ganz wichtig: Die Cookies beim Backen gut im Auge behalten und keinesfalls zu lange im Ofen lassen, sonst werden sie zu trocken.

**Zubereitungszeit: 30 Minuten
(+ 1 Stunde Kühlen und
14–16 Minuten Backen)
Ergibt: etwa 22 Stück**

**175 g Zartbitterschokolade
   (50–70 % Kakao)
25 g Butter
75 g Schoko-Karamell-Riegel
   (z. B. Daim)
175 g dunkelbrauner Roh-Rohrzucker (z. B. Muscovado)
2 Eier (L)
1 EL Whiskey, Kaffeelikör
   oder Kaffee
30 g Mehl
½ TL Backpulver
1–2 Prisen feines Meersalz**

1. Die Schokolade mit einem großen Messer klein hacken, dann zusammen mit der Butter in einer Metallschüssel über dem heißen Wasserbad unter Rühren schmelzen. Zur Seite stellen und leicht abkühlen lassen. Die Schoko-Karamell-Riegel relativ grob hacken.

2. Zucker und Eier mit den Quirlen des Handrührgeräts oder der Küchenmaschine in mindestens 5 Minuten cremig aufschlagen. Whiskey, Likör oder Kaffee und die geschmolzene Schokoladenmischung einrühren.

3. Mehl, Backpulver und Salz darübergeben und alles kurz vermengen, dann die gehackten Schokoriegel rasch unterrühren. Den Teig mindestens 1 Stunde kalt stellen. Auch 24 Stunden sind kein Problem, dann allerdings den Teig einige Minuten vor dem Weiterverarbeiten aus dem Kühlschrank nehmen, da er sonst sehr fest ist und sich nur recht schwer portionieren lässt.

4. Backofen auf 175 °C (Umluft 160 °C) vorheizen, zwei Backbleche mit Backpapier auslegen. Nach und nach mit zwei Teelöffeln gut walnussgroße Häufchen abstechen – der Teig ist recht klebrig! – und mit großzügigem Abstand auf die Bleche setzen. (Sehr gut zum Portionieren des Teiges ist auch ein extrakleiner Eiskugelformer.) Im Ofen (Mitte) 14–16 Minuten backen, die Taler sollen in der Mitte auf leichten Fingerdruck noch etwas weich sein.

5. Die Schokotaler aus dem Ofen nehmen und etwa 5 Minuten auf den Blechen ruhen lassen, dann mit einem Spatel vom Backpapier trennen und auf einem Kuchengitter vollständig auskühlen lassen (aber unbedingt einen der Schokotaler noch warm vernaschen!). Bis zum Verschenken in einem luftdicht verschlossenen Behälter aufbewahren.

Varianten
Auch diese Cookies lassen sich wunderbar abwandeln. Dazu einfach die 75 g Schoko-Karamell-Riegel durch andere Schokoriegel, die Lieblingsschokolade, Nüsse (Haselnüsse oder Mandeln) oder Trockenfrüchte (z. B. Kirschen) ersetzen.
Für Kinder lässt man einfach den Alkohol weg und mixt bunte Smarties oder M & Ms anstelle des Schoko-Karamell-Riegels unter den Teig – die bunt gesprenkelten Kekse sind ein Highlight für jeden Kindergeburtstag.

Verpackung & Deko
Die Kombi macht's: Ein kleines Sichtfenster in eine Papiertüte schneiden und dann in diese eine etwa gleich große Zellophantüte stellen – sieht pfiffig aus und die Kekse bleiben frisch!

MÖHREN-KOKOS-KUCHEN IM GLAS

Haltbarkeit: ungeöffnet bis zu 2 Monate, geöffnet ein paar Tage
Für: überraschenden Besuch und das Nachmittagspicknick, zu Kaffee und Tee daheim
oder im Büro, als süße »Brotzeit« auf Radtouren

Aus fast allen Rührteigen lassen sich »Kuchen im Glas« backen. Einfach ein wenig Ausprobieren, bis Backzeit und Mengen zu den nötigen Sturzgläsern passen. Diese Variante mit Möhren und Nüssen ist ein echter Klassiker und schmeckt super saftig.

Zubereitungszeit: 30 Minuten
(+ 30–40 Minuten Backen)
Ergibt: 4 Stück

2–3 große Möhren
50 g Pekan- oder Walnüsse
175 g dunkelbrauner Roh-Rohr-
    zucker (z. B. Muscovado)
2 Eier (L)
150 ml Sonnenblumenöl
30 g Kokosraspel
30 g gemahlene Haselnüsse
½ TL gemahlener Zimt
1–2 Prisen frisch geriebene
    Muskatnuss
1 Prise feines Meersalz
200 g Mehl (+ etwas mehr zum
    Ausstreuen der Gläser)
1 TL Backpulver
1 TL Natron
Twist-off-Gläser (440 ml Inhalt,
    sterilisiert, siehe auch Tipps)
Butter (zum Einfetten)

1. Die Gläser sorgfältig mit Butter einpinseln und mit Mehl (Kokosrapel sehen noch schöner aus) ausstreuen. Es lohnt sich hierbei wirklich, sorgfältig zu arbeiten, da die Kuchen sich dann später umso leichter aus den Gläsern stürzen lassen.

2. Den Backofen auf 180 °C vorheizen, außerdem sollten alle Zutaten Zimmertemperatur haben. Die Möhren schälen und fein reiben (es müssen 200 g Raspel sein), Pekan- oder Walnüsse grob hacken.

3. Zucker und Eier mit den Quirlen des Handrührgeräts oder der Küchenmaschine einige Minuten aufschlagen, bis die Masse hell und cremig ist. Das Öl zugeben und unterrühren, bis sich die Masse schön verbunden hat, danach die Möhren, Kokosraspel, Haselnüsse und gehackte Nüsse sowie Zimt, Muskat und Salz zufügen. Mehl, Backpulver und Natron darübergeben und nur so lange unter die Eiermasse mengen, bis alles verbunden ist.

4. Nun den Teig in die Gläser füllen (siehe Tipps), sodass diese nur zu etwa zwei Dritteln voll sind. Dann die Gläser in den Ofen (eine Schiene unterhalb der Mitte, Umluft 160 °C) schieben und die Kuchen 30–40 Minuten backen. Nach 30 Minuten ein Holzstäbchen in einen Kuchen stecken: Wenn kein Teig mehr daran kleben bleibt, sind die Kuchen fertig. Ansonsten noch weiterbacken und nochmal die Stäbchenprobe durchführen.

5. Gläser aus dem Ofen nehmen, mit den Deckeln verschließen (Vorsicht, die Gläser sind sehr heiß, unbedingt ein Küchentuch zum Halten verwenden). Hat man sich beim Abfüllen des Teiges etwas verschätzt, so kann man zu hoch aufgegangene Kuchen einfach flach abschneiden (Abgeschnittes gleich essen). Kuchen zum Auskühlen zur Seite stellen.

6. Am nächsten Tag kontrollieren, ob sich die Deckel der Gläser nach innen wölben und ein Vakuum entstanden ist. Ist das der Fall, können die Kuchen bis zum Verschenken dunkel und kühl aufbewahrt werden. Sollte kein Vakuum entstanden sein, den Kuchen innerhalb von wenigen Tagen vernaschen.

Tipps

Ein Einfülltrichter, der üblicherweise zum Abfüllen von Konfitüre verwendet wird, leistet auch beim Einfüllen des Teiges in die Gläser gute Dienste, aber ein Spritzbeutel funktioniert ebenfalls wunderbar.
Um die Kuchen problemlos aus den Gläsern stürzen zu können, unbedingt Sturzgläser verwenden, die einen glatten Rand und eine gerade Form haben.

Verpackung & Deko

Auch mit Material, das man immer zu Hause hat, lässt es sich toll verpacken: Kleine Post-its dienen als Etiketten, die Deckelhauben aus Packpapier sind mit Küchengarn verschnürt.

ZITRONEN-BASILIKUM-LIMONADE

Eine gut gekühlte Flasche dieser hausgemachten Limonade ist im Sommer als Mitbringsel kaum zu übertreffen, das Basilikum sorgt dabei für eine angenehm frische Note. Wer kein Basilikum mag, der streicht dies ersatzlos und bleibt bei einer klassischen Zitronenlimonade. Ob mit oder ohne Basilikum – von dieser Limonade kann man einfach nicht genug bekommen, deshalb am besten gleich mehrere Flaschen zubereiten.

Zubereitungszeit: 20 Minuten
(+ 30 Minuten Durchziehen)
Ergibt: etwa 800 ml

65 g Zucker
20 große Basilikumblätter
2–3 große Zitronen
gut verschließbare Flaschen (sterilisiert)

1. Den Zucker mit 65 ml Wasser in einem Topf aufkochen, bis sich der Zucker vollständig aufgelöst hat. Die so entstandenen 100 ml Läuterzucker vom Herd nehmen.

2. Die Basilikumblätter wenn nötig abbrausen und trocken tupfen, dann im Mörser grob zerreiben und zum heißen Läuterzucker geben. Mindestens 30 Minuten ziehen lassen.

3. Den Saft der Zitronen auspressen, es müssen 100 ml Saft sein. Läuterzucker durch ein feines Sieb gießen und auffangen, das Basilikum mit einem Löffelrücken ausdrücken. Läuterzucker mit dem Zitronensaft und 600 ml kaltem Wasser aufgießen (oder nach eigenem Geschmack mit mehr oder weniger Wasser verdünnen) und dann in die Flaschen füllen, gut verschließen. Bis zum Verschenken in den Kühlschrank stellen. Schmeckt am besten mit Eiswürfeln.

Varianten

Wer Spaß am Ausprobieren hat, der kann sich bei dem Thema »Limonade« richtig austoben, verschiedenste Kräuter oder Gewürze eignen sich zum Experimentieren. Basilikum etwa lässt sich toll durch Minzeblätter ersetzen. Und der verwendete Saft kann aus anderen Zitrusfrüchten – Orangen, Mandarinen, Grapefruits, Limetten – gewonnen werden. Oder wie wär's mal mit einer Holunderlimonade? Dafür statt des Basilikums 2–3 Holunderblütendolden (im Ganzen) im Läuterzucker ziehen lassen. Und für eine leicht scharfe Note gibt man einfach ein paar Scheiben frischen Ingwer mit zum Läuterzucker. Auch sehr fein: 1 ausgekratzte Vanilleschote im Läuterzucker ziehen lassen.

Verpackung & Deko

Große Flaschen mit Bügelverschluss lassen sich prima für Limonade wiederverwenden, zum Sterilisieren den Verschluss einfach aushaken. Die Gummidichtungen gibt es zum Nachkaufen in Flaschenläden oder im Küchenfachgeschäft.

Haltbarkeit:
ein paar Tage
(im Kühlschrank)

Für:
eine eiskalte Erfrischung,
Sommer-Picknick im
Grünen

AGUA DE JAMAICA

Dieses herrlich kühlende, sommerliche Getränk mit der tiefroten Farbe ist der absolute Klassiker in Mexiko und Südamerika – hat man es einmal getrunken, versteht man auch warum. Getrocknete Hibiskusblüten werden aufgebrüht und mit Zucker fein abgeschmeckt, eisgekühlt wird daraus ein fantastisches Erfrischungsgetränk, das sich mit etwas Limettensaft oder vielleicht ein paar Ingwerscheiben noch weiter variieren lässt.

Zubereitungszeit: 10 Minuten
(+ 10 Minuten Durchziehen)
Ergibt: 1–1 ½ l

100 g Zucker
10 g getrocknete Hibiskusblüten
½ Limette (wer mag)
gut verschließbare Flaschen (sterilisiert)

1. Den Zucker mit ½ l Wasser und den Hibiskusblüten in einem Topf aufkochen und 5 Minuten bei geringer Hitze sanft köcheln lassen. Dann den Topf vom Herd nehmen und den Ansatz noch 10 Minuten ziehen lassen.

2. Den Ansatz zum Filtern durch ein Sieb gießen (vorsichtig, Hibiskus kann hartnäckige Flecken hinterlassen!), auffangen und verdünnen: Man beginnt mit der Zugabe von ½ l kaltem Wasser und steigert dann die Menge bis zu 1 l – ganz nach persönlichem Geschmack.

3. Wer mag, presst jetzt noch den Saft der Limette aus und gibt diesen mit zu der Hibiskuslimonade. Limonade in die Flaschen füllen, gut verschließen und bis zum Verschenken in den Kühlschrank stellen. Dann am besten mit ein paar Limettenscheiben auf Eiswürfeln genießen.

Varianten

»Agua fresca« ist DIE Limonade der Mexikaner und Südamerikaner, auf nahezu jedem Restauranttresen finden sich große Kannen mit diesem einmaligen Durstlöscher. Neben »Agua de Jamaica« – mit Hibiskusblüten – werden diese Limonaden aus vielerlei Früchten (etwa Melonen, Limetten, Papaya, Tamarinde, Ananas, Erdbeeren) oder aus Nüssen, Reis und Samen (dann heißen sie »Horchatas«) hergestellt. Unbedingt mal mit einer schönen, reifen Wassermelone ausprobieren. Dafür ½ Wassermelone schälen, pürieren und durch ein Sieb gießen, den ablaufenden Saft auffangen. Zu dem Melonensaft noch den Saft von ½ Limette geben und das Getränk eisgekühlt mit Eiswürfeln schlürfen. Nach Belieben mit ein bisschen Wasser verdünnen.

Verpackung & Deko

Einige bunte Strohhalme an eine Flasche »Agua de Jamaica« oder eine andere selbst gemachte Limonade gebunden – und schon sieht das Mitbringsel dekorativ aus und vermittelt allerbeste Sommerlaune.

Haltbarkeit:
ein paar Tage
(im Kühlschrank)

Für:
eine eiskalte Erfrischung,
Sommer-Picknick im
Grünen

MINZESIRUP

Zubereitungszeit: 20 Minuten
(+ über Nacht Durchziehen)
Ergibt: etwa ¾ l

1 Bund Minze (es sollten 15 g Minzeblätter
sein) | 450 g Zucker | gut verschließbare
Flaschen (sterilisiert)

1. Die Minze abbrausen und trocken schütteln,
die Blätter abzupfen, ganz grob zerreißen und in
einen Topf geben. Mit ½ l Wasser auffüllen und
zum Kochen bringen. Topf vom Herd nehmen
und den Ansatz abgedeckt über Nacht durchziehen lassen.

2. Den Sud am nächsten Tag durch ein feines
Sieb gießen und auffangen, die Minzeblätter mit
einem Löffelrücken ausdrücken. Den Minzesud
mit dem Zucker wieder in den Topf geben, aufkochen und 5 Minuten kochen lassen.

3. Minzesirup in die Flaschen füllen, gut verschließen und bis zum Verschenken dunkel und
kühl aufbewahren. Sirup je nach gewünschter
Intensität mit Leitungs- oder Mineralwasser aufgießen und als Limonade auf Eis trinken. Geöffnete Flaschen unbedingt in den Kühlschrank
stellen und innerhalb weniger Tage verbrauchen.

Variante: Auch andere Kräuter eignen sich zum
Kochen eines Sirups. Anstatt der Minze zum
Beispiel auch mal Zitronenmelisse probieren.

RHABARBERSIRUP

Rhabarberschorle ist seit ein paar Jahren nicht
mehr aus den Straßencafés wegzudenken, aber
wer hätte gedacht, dass diese selbst gemachte
Variante gleich noch mal so gut schmeckt?

Zubereitungszeit: 20 Minuten
Ergibt: etwa 800 ml

etwa 650 g Erdbeer-Rhabarber (es sollten
nach dem Putzen 500 g Fruchtfleisch sein)
250 g Zucker | 50 g Vanillezucker | Saft
von ½ Zitrone | gut verschließbare Flaschen
(sterilisiert)

1. Rhabarber waschen, putzen und in fingerdicke Stücke scheiden. Mit ¼ l Wasser in einem
Topf zum Kochen bringen, bei mittlerer Hitze
in etwa 10 Minuten zu einem weichen Mus
kochen. Durch ein feines Sieb gießen und den
Saft auffangen, die Rhabarberstückchen mit
einer Schöpfkelle vollständig auspressen.

2. Den Rhabarbersaft zurück in den Topf geben,
Zucker, Vanillezucker und Zitronensaft zufügen
und alles unter gelegentlichem Rühren weitere
5 Minuten köcheln lassen.

3. Rhabarbersirup in die Flaschen füllen, gut
verschließen und bis zum Verschenken dunkel
und kühl aufbewahren. Den Sirup je nach gewünschter Intensität mit Leitungs- oder Mineralwasser aufgießen und als Limonade auf Eis
trinken. Geöffnete Flaschen unbedingt in den
Kühlschrank stellen und innerhalb weniger
Tage verbrauchen.

1001-NACHT-SIRUP

Zubereitungszeit: 20 Minuten
(+ über Nacht Durchziehen)
Ergibt: etwa 600 ml

2 grüne Kardamomkapseln | 1 Stück Ingwer
(etwa 1 cm) | 1 Vanilleschote | 250 g Zucker
¼ l frisch gepresster Orangensaft | ½ Zimt-
stange | 15–20 Safranfäden | gut verschließ-
bare Flaschen (sterilisiert)

1. Die Kardamomkapseln leicht andrücken, den
Ingwer schälen und in Scheiben schneiden. Die
Vanilleschote der Länge nach aufschneiden und
das Mark herauskratzen.

2. Vorbereitete Zutaten zusammen mit Zucker,
Orangensaft, Zimt, Safran und ¼ l Wasser in
einen Topf geben, aufkochen und bei mittlerer
Hitze 5–10 Minuten köcheln lassen. Vom Herd
nehmen, über Nacht abgedeckt ziehen lassen.

3. Am nächsten Tag den 1001-Nacht-Sirup
durch ein feines Sieb gießen, auffangen und in
die Flaschen füllen. Gut verschließen und bis
zum Verschenken dunkel und kühl aufbewahren.
Den Sirup je nach gewünschter Intensität mit
Leitungs- oder Mineralwasser aufgießen und als
Limonade auf Eis trinken. Geöffnete Flaschen
unbedingt in den Kühlschrank stellen
und innerhalb weniger
Tage verbrauchen.

Haltbarkeit:
ein paar Wochen
(dunkel und kühl)

Für:
Obstsalate, zu Joghurt
und Eis, gut mit Wodka
und Prosecco

Verpackung & Deko

Wenn es nur eine klitzekleine Aufmerksamkeit sein soll: Den Sirup in Mini-Aperitif-Fläschchen abfüllen, verkorken und mit einem ~~Schnipsel Klebeband~~ verschließen.

CASSIS-GRAPPA

Man nehme einen sehr guten Grappa und versetze ihn mit aromatischen Früchten – heraus kommt ein fruchtiger Digestif, der auch optisch eine klasse Figur macht. Und das Beste daran? Der Arbeitsaufwand ist nicht der Rede wert, deshalb besser gleich auf Vorrat setzen und eine größere Menge produzieren. Und: Nicht nur die Kombination »Johannisbeeren & Grappa« schmeckt, auch mit anderen Früchten und klaren Bränden entstehen ausgezeichnete Digestifs. Experimentieren ist ausdrücklich erlaubt!

Zubereitungszeit: 30 Minuten
(+ 1–2 Tage Durchziehen und 1 Woche Reifen)
Ergibt: etwa ½ l

300 g schwarze Johannisbeeren
1 Vanilleschote
1 TL Zucker
½ l Grappa (mindesten 40 % Vol.)
150 g weißer Kandiszucker
gut verschließbare Flaschen (sterilisiert)

1. Johannisbeeren waschen und trocken tupfen. Dann Beeren von den Rispen zupfen, leicht andrücken und in ein großes, sauberes Gefäß geben.

2. Vanilleschote längs halbieren, das Mark herauskratzen und mit dem Zucker vermischen. Mit der Schote zu den Beeren geben, Grappa aufgießen. Verschließen und den Ansatz 1–2 Tage an einem dunklen und kühlen Ort ziehen lassen, dabei das Gefäß ab und zu umdrehen oder schwenken.

3. Dann den Ansatz durch ein feines Sieb (eventuell mit einem Mulltuch ausgelegt) filtern und den Grappa auffangen. Grappa mit dem Kandis zurück in das Gefäß füllen, verschließen und den Grappa reifen lassen. Er ist fertig, wenn sich der Kandis vollständig aufgelöst hat (das dauert etwa 1 Woche). Schwenkt man dabei das Gefäß in regelmäßigen Abständen, geht es etwas schneller.

4. Den Grappa in die Flaschen füllen und bis zum Verschenken dunkel und kühl aufbewahren.

Varianten

Um Alkohol mit Früchten zu aromatisieren, bedarf es ganz weniger Handgriffe, das perfekte Geschenk für jeden, der nicht so gerne am Herd steht und trotzdem Eindruck schinden möchte. Abhängig von der Jahreszeit bieten sich unterschiedliche Obstsorten an, auch Himbeeren, Kirschen, Aprikosen oder Blaubeeren passen gut. Doch da ist noch mehr! Trockenfrüchte, Kräuter, Gewürze, sogar Chilischoten – es gibt fast nichts, was sich nicht zum Aromatisieren eignet. Ist man sich bei der Dosierung der Zutaten unsicher, nimmt man nach wenigen Tagen eine Kostprobe und entscheidet dann, ob mehr Aromazutaten oder eventuell mehr Zucker notwenig sind. Unbedingt beachten: Der verwendete Alkohol sollte mindestens 40 % haben und von guter Qualität sein. Neben Grappa taugen auch Fruchtbrände, Wodka oder weißer Rum besonders gut.

Verpackung & Deko

Ein gelochtes Etikett lässt sich elegant mit einem Lederbändchen an der Flasche befestigen.

Haltbarkeit:
ein paar Monate
(dunkel und kühl)

Für:
das Tränken von Tortenböden, zum Teearomatisieren, als Digestif

KÜRBISKERN-KARAMELL-LIKÖR

Für diesen Likör muss man nicht einmal ein ausgesprochener Likör-Fan sein. Nicht, dass er nicht auch pur fantastisch schmeckt! Aber ein wenig davon über einen Eisbecher mit Vanille-, Nuss- oder Schokoladeneis geträufelt – und schon bekommt der Ausdruck »Desserttraum« eine ganz neue Bedeutung. Getoppt mit einem Klecks Schlagsahne und ein paar karamellisierten Kürbiskernen bleiben keine Wünsche mehr offen.

Zubereitungszeit: 30 Minuten
Ergibt: etwa ½ l

1 Vanilleschote
100 g Zucker
3 EL Kürbiskerne
250 g Sahne
¼ l Grappa oder Cognac (40 % Vol.)
gut verschließbare Flaschen (sterilisiert)

1. Die Vanilleschote der Länge nach aufschneiden und das Mark herauskratzen. Den Zucker in einer Pfanne bei mittlerer Hitze ohne Rühren erhitzen, und sobald der Zucker geschmolzen und goldbraun karamellisiert ist, die Kürbiskerne und das Vanillemark zugeben und unterrühren.

2. Das Kürbiskernkaramell mit Sahne ablöschen (Vorsicht, die Mischung kocht kurz hoch!) und bei geringer Hitze 5 Minuten köcheln lassen. Dann mit einem Pürierstab fein zerkleinern.

3. Die Sahnemischung zum Entfernen der Kerne durch ein feines Sieb gießen und auffangen, abkühlen lassen. Mit dem Alkohol aufgießen und in die Flaschen füllen, gut verschließen. Bis zum Verschenken im Kühlschrank aufbewahren. Vor jedem Gebrauch dann immer kurz aufschütteln.

Varianten

Der Karamelllikör lässt sich nicht nur mit Kürbiskernen verfeinern. Statt der Kerne zum Beispiel mal Haselnüsse, Mandeln oder Kaffeebohnen zum geschmolzenen Zucker in die Pfanne geben. Oder man verleiht dem Likör eine weihnachtliche Geschmacksnote. Dazu Gewürze wie Zimtstangen, Nelken, Kardamom, Sternanise, frisch geriebene Muskatnuss und gemahlenen Ingwer zugeben und 1–2 Tage im Likör ziehen lassen, bevor man sie heraussiebt.

Verpackung & Deko

Ist die Optik einer selbst gemachten Köstlichkeit nicht besonders spektakulär, gleicht man das am besten mit einem extragroßen, besonders dekorativen Etikett aus.

Haltbarkeit:
ein paar Monate
(im Kühlschrank)

Für:
Eisbecher aller Art,
über Vanilleeis, pur
und als Digestif

Gut & praktisch

Hühnerbrühe

Buttermischungen

Currypaste

Pesto-Variationen

Hausgemachte Nudeln

Ofengetrocknete Tomaten

Eingelegter Knoblauch

Gewürzmischungen

Pikante Saucen

Backmischung

HÜHNERBRÜHE

Haltbarkeit: im Kühlschrank 1–2 Tage
Für: eine klassische Hühnersuppe, kombiniert mit Buchstabennudeln als Lieblingssuppe für Kinder,
beste Basis für Risotti und Saucen – und das perfekte Geschenk beim Krankenbesuch

Für einen Krankenbesuch gibt es einfach kein besseres Mitbringsel als selbst gemachte Hühnerbrühe. Ein dampfend heißer Teller davon hat viele positive Eigenschaften, er stärkt den Körper, streichelt die Seele und weckt nostalgische Kindheitserinnerungen. Packt man noch fein geschnittenes Gemüse und eine Portion Suppennudeln mit dazu, dann zaubert man wirklich jedem ein Lächeln ins Gesicht.

**Zubereitungszeit: 35 Minuten
(+ 2 Stunden Garen)
Ergibt: etwa 2 ½ l**

2 Zwiebeln
2 Bund Suppengrün
2 Lorbeerblätter
1 TL schwarze Pfefferkörner
1 Knoblauchzehe oder 1 finger-
  dickes Stück Ingwer (wer mag)
1 Bio-Suppenhuhn (1,2–1,5 kg)
feines Meersalz
frisch geriebene Muskatnuss
Twist-off-Gläser oder Einmachgläser (sterilisiert)

1. Die Zwiebeln schälen und halbieren. Suppengrün waschen, putzen und klein schneiden. Beides zusammen mit Lorbeerblättern und Pfefferkörnern in einen großen Topf geben und mit 3 l kaltem Wasser aufgießen. Eventuell noch den Knoblauch oder den Ingwer schälen, in Scheiben schneiden und dazugeben.

2. Das Suppenhuhn gründlich unter fließendem kalten Wasser abwaschen, dann ebenfalls in den Topf geben – es sollte vollständig vom Wasser bedeckt sein, sonst noch etwas Wasser (maximal noch 1 l) zugießen. Zugedeckt bei mittlerer Hitze langsam zum Kochen bringen. Sobald die ersten Bläschen sichtbar werden, die Hitze sofort reduzieren, die Brühe soll nur ganz schwach simmern, keinesfalls kochen, sonst wird sie trüb. Das Suppenhuhn in mindestens 2 Stunden ganz sanft gar ziehen lassen und den dabei entstehenden Schaum regelmäßig abschöpfen.

3. Dann das Suppenhuhn aus dem Topf nehmen. Die Brühe durch ein feines Sieb abgießen und auffangen. Das Gemüse im Sieb mit einer Suppenkelle leicht ausdrücken. Wer möchte, schöpft auch noch das Fett von der Brühe ab. Hühnerbrühe mit Salz und ein wenig Muskat abschmecken.

4. Die Hühnerbrühe in die Gläser füllen, gut verschließen und bis zum Verschenken im Kühlschrank aufbewahren.

Tipps
Frisch gekochte Hühnerbrühe lässt sich auch gut einfrieren. Dazu füllt man die Brühe in einen Eiswürfelbereiter und gibt diesen in das Tiefkühlfach. Die Brühewürfel, sobald sie gefroren sind, aus der Form stürzen, in einen Gefrierbeutel füllen und im Tiefkühlfach aufbewahren – so bleibt die Hühnerbrühe monatelang haltbar und ist praktisch portionierbar.
Für den Krankenbesuch schneidet man noch eine kleine Portion Möhren in feine Würfel und Lauch in dünne Ringe und füllt diese wie auch Suppennudeln jeweils in ein Tütchen – so kann sich der Patient im Handumdrehen ohne großen Aufwand eine Hühnersuppe kochen.

Verpackung & Deko
Bringt man selbst gekochte Hühnerbrühe bei einem Krankenbesuch mit, dann symbolisiert ein Etikett mit einem roten Kreuz darauf schon den Zweck des Mitbringsels – erste Hilfe ist da!

NUSSBUTTER

Nein, diese Butter enthält keine richtigen Nüsse. Lässt man Butter aber langsam im Topf bräunen, so entwickelt sie ein mildes, nussiges Aroma – daher stammt der Name.

**Zubereitungszeit: 20 Minuten
(+ Zeit zum Festwerden)
Ergibt: etwa 200 g**

1–2 kleine Schalotten | 2 Scheiben Pancetta | 250 g Butter | feines Meersalz

1. Die Schalotten schälen und fein würfeln, ebenso den Pancetta. Beides in einer Pfanne in 1 EL Butter andünsten und bei mittlerer Hitze goldbraun werden lassen. Dann vom Herd nehmen und in eine kleine Schüssel füllen (in der Pfanne würden die Schalotten weiter nachdunkeln und leicht bitter werden).

2. Übrige Butter in einem Topf bei mittlerer Hitze schmelzen, dabei immer wieder mit einem Gummispatel den Topfboden gut abstreichen, da sich dort die Eiweißbestandteile der Butter absetzen. Sobald diese goldbraun sind, und die Butter nussig zu duften beginnt, die Butter samt dem Bodensatz zur Zwiebelmischung geben. Mit Salz abschmecken.

3. Nussbutter im Kühlschrank fest werden lassen, dabei öfter umrühren, damit sie eine gleichmäßige Konsistenz bekommt. Bis zum Verschenken weiter kühlen, dann verpacken.

Verpackung & Deko: Möchte man sicher gehen, dass nichts durchfettet, rollt man die Butter zuerst in Zellophan, dann in Butterbrotpapier. Noch ein Buttermesser dazu?

MEDITERRANE BUTTER

**Zubereitungszeit: 15 Minuten
(+ Zeit zum Festwerden)
Ergibt: etwa 300 g**

250 g weiche Butter | 1 EL fruchtiges Olivenöl | 2 EL Tomatenmark | 6–8 getrocknete Tomaten (pur oder in Öl eingelegt | 1 Knoblauchzehe | 15 Basilikumblätter | 5 EL frisch geriebener Parmesan 6–8 (Kalamata-)Oliven (wer mag)

1. Die Butter mit Olivenöl und Tomatenmark in eine kleine Schüssel geben und verrühren.

2. Die Tomaten klein hacken, Knoblauch schälen und fein würfeln. Basilikum in feine Streifen schneiden. Alles mit dem Parmesan unter die Butter rühren. Eventuell noch das Olivenfleisch von den Steinen abschneiden, klein hacken und untermischen. Die Butter im Kühlschrank fest werden lassen. Bis zum Verschenken weiter kühlen, dann verpacken.

Verpackung & Deko: Zur Abwechslung mal eine hübsche Butterdose mit leicht entnehmbaren Einzelportionen verschenken.

KLASSISCHE KRÄUTERBUTTER

Zubereitungszeit: etwa 15 Minuten (+ Zeit zum Festwerden)
Ergibt: etwa 300 g

250 g weiche Butter | 1 EL fruchtiges Olivenöl | 1 TL Worcestersauce | 1–2 Knoblauchzehen | ½ Schalotte | 1 Bio-Zitrone | 1 großes Bund Kräuter (z.B. Basilikum, Schnittlauch, Petersilie und Dill gemischt, ersatzweise TK-Kräuter) | 1 rote Chilischote (wer mag) | feines Meersalz | frisch gemahlener schwarzer Pfeffer

1. Die Butter mit Olivenöl und Worcestersauce in eine Schüssel geben und verrühren. Knoblauch und Schalotte schälen, sehr fein würfeln und zur Butter geben. Die Zitrone heiß waschen und abtrocknen, etwa die Hälfte der Schale fein zur Butter reiben.

2. Die Kräuter abbrausen und trocken schütteln, dann fein hacken und zur Butter geben, alles gut verrühren. Eventuell noch die Chilischote waschen, entstielen, fein hacken und untermischen. Mit Salz und Pfeffer abschmecken. Butter im Kühlschrank fest werden lassen. Bis zum Verschenken weiter kühlen, dann verpacken.

Verpackung & Deko: Rustikal mit einer Karo-Serviette in eine Mini-Obstkiste packen.

ORANGEN-PFEFFER-BUTTER MIT CURRY

Zubereitungszeit: 10 Minuten (+ Zeit zum Festwerden)
Ergibt: etwa 250 g

1 Bio-Orange | 1 TL Currypulver | 250 g weiche Butter | feines Meersalz | frisch gemahlener schwarzer Pfeffer | etwas frisch gemahlenes Chilipulver (wer mag)

1. Die Orange heiß waschen und abtrocknen, die Schale fein abreiben. Zusammen mit dem Currypulver und der Butter in eine Schüssel geben und verrühren.

2. Die Butter mit Salz, Pfeffer und eventuell Chilipulver würzig bis scharf abschmecken. Der Pfeffer darf dabei ruhig etwas gröber gemahlen werden. Die Butter im Kühlschrank fest werden lassen. Bis zum Verschenken weiter kühlen, dann verpacken.

Verpackung & Deko: Klassische Soufflé-Förmchen aus Porzellan lassen sich ganz toll auch als Buttergefäße verwenden. Mit Pergamentpapier abdecken und ein Schleifchen drum – fertig!

GRÜNE CURRYPASTE

Haltbarkeit: bis zu 2 Wochen im Kühlschrank
Für: alle Liebhaber der Thai-Küche das perfekte Geschenk, schmeckt als Curry mit Hähnchen oder Meeresfrüchten, passt aber auch zu anderen thailändischen Gerichten

Eine hausgemachte Currypaste ist zwar kein Hexenwerk, dennoch bedarf es nicht weniger Zutaten, die alle erst einmal eingekauft (gibt es alles im Asienladen) und dann auch noch vorbereitet werden möchten.

Zubereitungszeit: 30 Minuten
Ergibt: etwa ¼ l

1 Schalotte
5 Knoblauchzehen
1 Stück Galgant oder Ingwer (1–2 cm)
2 große grüne Chilischoten
1 Bio-Limette
2 Stangen Zitronengras
1 Bund Koriandergrün (unbedingt mit Wurzeln!)
1 TL Kreuzkümmelsamen
1 TL Koriandersamen
½ TL schwarze Pfefferkörner
1 Prise Salz
1 TL Garnelenpaste
1 TL dunkelbrauner Roh-Rohrzucker (wer mag, z. B. Muscovado)
Twist-off- oder Einmachgläser (sterilisiert)

1. Die Schalotte und den Knoblauch schälen und fein würfeln. Galgant oder Ingwer schälen und fein reiben (es sollte mindestens 1 EL sein). Die Chilischoten waschen, entstielen und fein hacken (Kerne und Trennwände nur entfernen, wenn die Paste weniger scharf werden soll). Limette heiß waschen und abtrocknen, Schale fein abreiben. Zitronengras waschen, putzen und die unteren hellen Hälften in feine Ringe schneiden.

2. Das Koriandergrün abbrausen und die Wurzeln sauber bürsten, trocken schütteln. So viel von den Wurzeln fein hacken, dass die Menge etwa 1 EL ergibt. Koriandergrün ebenfalls hacken, es sollten mindestens 5 EL sein.

3. Kreuzkümmel- und Koriandersamen in einer Pfanne trocken rösten, bis die Gewürze duften. Zusammen mit dem Pfeffer fein mörsern.

4. Alle vorbereiteten Zutaten mit dem Salz, der Garnelenpaste und eventuell dem Zucker in einen elektrischen Blitzhacker geben und zu einer feinen Paste pürieren (das kann 2–3 Minuten dauern!), dabei die Paste immer wieder mit einem Gummispatel von den Seiten kratzen. Nur wenn unbedingt nötig, esslöffelweise etwas Wasser zugeben.

5. Die Currypaste in die Gläser füllen und gut verschließen. Bis zum Verschenken im Kühlschrank aufbewahren.

Tipp
Traditionell wird eine Currypaste zwar im Mörser zubereitet, aber ein elektrischer Blitzhacker oder eine Küchenmaschine mit Schneideeinsatz liefern ein absolut zufriedenstellendes Ergebnis – vor allem, wenn man den deutlich geringeren Zeit- und Kraftaufwand betrachtet. Übrigens: Gerade ein Rezept für Currypaste kann sehr gut nach persönlichen Vorlieben abgewandelt werden!

Variante
Umami-Paste – Für etwa 150 ml Würzpaste (für Suppen und Saucen aller Art) im elektrischen Blitzhacker 50 g frisch geriebenen Parmesan, 50 g eingelegte, ofengetrocknete Tomaten (selbst gemacht, Seite 56, oder gekauft), 2 TL Steinpilzpulver (ersatzweise getrocknete Steinpilze mahlen), 2 EL Rapsöl und ein paar entsteinte schwarze Oliven und/oder Anchovis fein pürieren, bis eine cremige Paste entstanden ist. In die Gläser füllen, mit einem Ölspiegel bedecken, gut verschließen und im Kühlschrank aufbewahren. Haltbarkeit: einige Wochen.

Verpackung & Deko
Diese kleinen Holzlöffel kann man zum Beispiel auf Märkten finden und dort am besten gleich auf Vorrat kaufen – sie sind charmante Verpackungs-Accessoires für Pasten und Pesti aller Art.

PAPRIKAPESTO

Zubereitungszeit: 45 Minuten
Ergibt: etwa 400 ml

**4 orange oder rote Paprikaschoten | 100 g
Pinienkerne | 100 g Ziegenfrischkäse oder
Ricotta | feines Meersalz | frisch gemah-
lener schwarzer Pfeffer | 50 ml Bio-Rapsöl
etwa 50 ml mildes Olivenöl | Twist-off-
Gläser (sterilisiert)**

1. Backofen auf 220 °C (mit Grillfunktion)
vorheizen. Die Paprikaschoten vierteln, von
Trennhäuten und Kernen befreien, waschen.
Die Viertel auf einem Backblech mit der Hautseite nach oben aufreihen. Im Ofen (oben)
rösten, bis die Haut schwarze Blasen wirft,
dann die Paprika aus dem Ofen nehmen und
sofort in eine Frischhaltedose geben, gut verschließen. Paprika abkühlen lassen, dann die
Haut abziehen (das geht jetzt ganz leicht).

2. Pinienkerne in einer Pfanne ohne Fett
goldbraun rösten. Mit den Paprikavierteln
(es müssen 150 g sein, den Rest als Antipasti
essen), Ziegenfrischkäse oder Ricotta, Salz,
Pfeffer und Rapsöl in einem hohen Rührbecher mit einem Pürierstab zu einem gleichmäßigen Pesto ganz fein zerkleinern. So viel
Olivenöl von Hand unterrühren (mitpüriert
kann es eine bittere Note hervorrufen), bis
die gewünschte Konsistenz erreicht ist.

3. Pesto mit Salz abschmecken, in die Gläser
füllen, mit einem Olivenölspiegel bedecken
und gut verschließen. Bis zum Verschenken
im Kühlschrank aufbewahren.

Verpackung & Deko: Pesto mit Pasta und
Kochlöffel verschenken = Glückseligkeit.

MACADAMIAPESTO

Zubereitungszeit: 15 Minuten
Ergibt: etwa 400 ml

**75 g Kräuter (z. B. Basilikum, Petersilie)
1 Bio-Zitrone | 100 g geröstete, gesalzene
Macadamianüsse | 50 g frisch geriebener
Pecorino oder Parmesan | frisch gemahle-
ner schwarzer Pfeffer | 100 ml Bio-Rapsöl
etwa 100 ml fruchtiges Olivenöl | feines
Meersalz | Twist-off-Gläser (sterilisiert)**

1. Kräuter abbrausen und trocken schütteln,
Blätter abzupfen. Zitrone heiß waschen, ab-
trocknen und die Schale abreiben. Beides mit
Nüssen, Käse, Pfeffer und Rapsöl mit einem
Pürierstab zur homogenen Paste zerkleinern,
dann das Olivenöl von Hand unterrühren.

2. Pesto mit Salz abschmecken, in die Gläser
füllen, mit einem Olivenölspiegel bedecken
und gut verschließen. Bis zum Verschenken
im Kühlschrank aufbewahren.

Verpackung & Deko: Gläser für die Zubereitung von »Ei im Glas« lassen sich zweckentfremden und mit Pesto gefüllt verschenken.

PESTO VON RADIESERLBLÄTTERN

Zubereitungszeit: 20 Minuten
Ergibt: etwa 400 ml

75 g Radieschenblätter | 50 g Haselnüsse (ohne Haut) | 1–2 Knoblauchzehen 75 g frisch geriebener Parmesan oder Pecorino | etwa 200 ml Bio-Rapsöl | feines Meersalz | frisch gemahlener schwarzer Pfeffer | Twist-off-Gläser (sterilisiert)

1. Die Radieschenblätter abbrausen und trocken schleudern. Die Haselnüsse in einer kleinen Pfanne ohne Fett goldbraun rösten. Den Knoblauch schälen und grob hacken. Alles mit dem Käse in einem hohen Rührbecher mit einem Pürierstab zu einer homogenen Paste verarbeiten. Dabei so viel Öl dazugeben, bis die gewünschte Konsistenz erreicht ist.

2. Das Pesto mit Salz und Pfeffer abschmecken, in die Gläser füllen, mit einem Ölspiegel bedecken und gut verschließen. Bis zum Verschenken im Kühlschrank aufbewahren.

Verpackung & Deko: Alte Pflanzen- oder Gartenmotive passen zum Thema »Pesto« und geben dem Etikett ein wenig Retro-Anmutung.

PESTO VON KALAMATA-OLIVEN

Zubereitungszeit: 20 Minuten
Ergibt: etwa 300 ml

½ rote Chilischote | 50 g entsteinte Kalamata-Oliven | 1 Bund Kräuter (z. B. Minze, Basilikum, Petersilie; 25 g) | ½ Bio-Zitrone | 1–2 Knoblauchzehen | 75 g Mandeln 25 g frisch geriebener Pecorino | frisch gemahlener schwarzer Pfeffer | 50 ml Bio-Rapsöl | etwa 75 ml mildes Olivenöl | feines Meersalz | Twist-off-Gläser (sterilisiert)

1. Chili waschen und mit den Oliven grob hacken. Kräuter abbrausen, trocken schütteln und die Blätter abzupfen. Zitrone heiß waschen, abtrocknen, Schale fein abreiben. Knoblauch schälen und grob würfeln. Mandeln hacken, in einer Pfanne goldbraun rösten. Alles mit Käse, Pfeffer und Rapsöl mit einem Pürierstab zu einer homogenen Paste zerkleinern. Dann so viel Olivenöl von Hand unterrühren, bis die gewünschte Konsistenz erreicht ist.

2. Pesto mit Salz abschmecken, in die Gläser füllen, mit einem Olivenölspiegel bedecken und gut verschließen. Bis zum Verschenken im Kühlschrank aufbewahren.

Verpackung & Deko: Simpel, aber elegant – ein Schmuckband mit Etiketten festkleben.

HAUSGEMACHTE NUDELN

Haltbarkeit: an einem kühlen Ort luftdicht verpackt mindestens ein paar Wochen
Für: Nudelgerichte aller Art und als Mitbringsel für einen Pasta-Abend bei Freunden – vielleicht auch mal zusammen mit einer Flasche guten Rotwein

Je nach Fingerfertigkeit, Ausrüstung und Geduld lassen sich verschiedenste Pasta-Formen zu Hause herstellen. Vollständig durchgetrocknet eignen sich diese hausgemachten Nudeln sehr gut als Geschenk für alle Pasta-Liebhaber. Noch mehr Pasta-Variationen gibt es auf der nächsten Seite.

Zubereitungszeit: 1–2 Stunden
(+ 1 Stunde Ruhen und
1–2 Tage Trocknen)
Ergibt: jeweils etwa 300 g

Für Nudeln mit Ei:
200 g Hartweizendunst Type 00
(auch Pasta-Mehl, siehe Bezugs-
quellen Seite 158, ersatzweise
normales Mehl Type 405 oder
beides gemischt)
1 Prise feines Meersalz
2 Eier (M oder L)
1 EL mildes Olivenöl (wer mag)

Für Nudeln ohne Ei:
200 g Hartweizengrieß (semola
di grano duro, siehe Bezugs-
quellen Seite 158)
1 TL feines Meersalz

1. **Für Nudeln mit Ei:** Hartweizendunst und Salz in eine große Schüssel geben, in der Mitte ein Mulde formen. Eier hineingeben und mit einer Gabel leicht verschlagen, dabei immer etwas Mehl vom Rand einrühren. Dann eventuell das Öl dazugeben. Sobald der Teig dick und zäh wird, von Hand weiterkneten. Es erfordert 5–10 Minuten energisches Kneten, bis ein geschmeidiger Nudelteig entsteht (ist der Teig nach mehreren Minuten Knetens trotzdem zu trocken, teelöffelweise Wasser zugeben, ist er zu klebrig, ein wenig Dunst einstreuen). Teig in Frischhaltefolie wickeln und 1 Stunde bei Zimmertemperatur ruhen lassen, dann weiterverarbeiten.

Für Nudeln ohne Ei: Hartweizengrieß in eine große Schüssel geben und in der Mitte ein Mulde formen. Salz in 100 ml sehr warmem Wasser durch Rühren auflösen, dann das Wasser esslöffelweise in die Mulde geben und unter den Grieß arbeiten. Dazu den feuchten Mehlklumpen mit den Fingern ins trockene Mehl reiben, erst dann den nächsten Esslöffel Wasser zugeben. Durch kräftiges Kneten entsteht nach etwa 10 Minuten ein elastischer Teig. In Frischhaltefolie wickeln, 1 Stunde bei Zimmertemperatur ruhen lassen, dann weiterverarbeiten.

2. **Weiterverarbeiten:** Da das Ausrollen von Nudelteig mit einem Nudelholz anstrengend sein kann, am besten eine Nudelmaschine nehmen: Nudelteig halbieren. Jede Teighälfte zu einem rechteckigen, fingerdicken Fladen drücken, mit Dunst oder Grieß bestäuben und mit der Nudelmaschine zu einem dünnen Teigstreifen ausrollen. Dazu durch die Walzen drehen – zuerst mit größtem Walzenabstand, dann nach dem ersten Durchgang den Teig einmal falten und um 90 Grad wenden, anschließend nach jedem weiteren Durchgang den Walzenabstand verkleinern.

Die Teigstreifen entweder auf der Arbeitsplatte auslegen und mit einem gewellten Teigrad oder einem Messer zu rechteckigen **Lasagneplatten** oder in unregelmäßige Dreicke (**Maltagliati**) schneiden. Oder die Teigstreifen mit Hilfe der Nudelmaschine und entsprechender Aufsätze in lange Bandnudeln wie **Pappardelle** (mindestens fingerbreit), **Tagliatelle** (etwa 1 cm breit) oder **Linguine** (unter ½ cm breit) schneiden. Oder die Teigstreifen mit etwas Dunst oder Grieß bestäuben, von der Schmalseite her locker aufrollen und dann quer mit einem Messer in die gewünschten Bandnudeln schneiden.

Bandnudeln auf einem Pastaständer oder auf der Wäscheleine hängend trocknen lassen, Lasagne oder Maltagliati auf einem Küchentuch oder Gitter liegend trocknen lassen. Leichtes Bestäuben mit Dunst oder Grieß verhindert ein Aneinanderkleben.

Unbedingt beachten!

Nudeln brauchen ja nach Stärke/Dicke und Luftfeuchtigkeit mindestens 1–2 Tage, um vollständig durchzutrocknen (dabei eventuell öfter wenden), erst dann sollten sie luftdicht verpackt werden.

Verpackung & Deko
Besonders edel kommen die Nudeln zur Geltung, wenn sie mit Folie oder Seidenpapier
eingeschlagen in ein hölzernes Obstkörbchen vom Markt gebettet werden.

PASTA

cottura

6 minuti

MALTAGLIATI

500 GRAMM

NUDEL-VARIATIONEN

Haltbarkeit: an einem kühlen Ort luftdicht verpackt mindestens ein paar Wochen
Für: Nudelgerichte aller Art, als Mitbringsel für einen Pasta-Abend bei Freunden und
alle Italien-Fans, die man beeindrucken möchte

Auch wenn selbst gemachte Pasta eigentlich keinerlei Geschmackszugaben braucht, farbige Nudeln sind einfach ein Hingucker. Für bunte und aromatisierte Sorten verwendet man üblicherweise Nudelteig mit Ei (siehe Seite 52). Die nachfolgenden farb- oder aromagebenden Zutaten werden zusammen mit den Eiern verrührt und unter den Hartweizendunst geknetet. Eventuell muss man dabei mit ein wenig zusätzlichem Wasser oder Dunst ausgleichen, damit die richtige Teigkonsistenz erhalten bleibt. Sonst bleibt alles gleich. Und wer bei der Pasta-Form kreativ werden möchte: Es muss nicht immer »lang und glatt« sein – von Hand geformte Nudeln erfordern aber ein klein bisschen mehr Zeit und Geduld.

Je nach gewünschter Nudelsorte das Grundrezept mit Ei (von Seite 52) wie links beschrieben mit den folgenden Extra-Zutaten zum Teig verarbeiten:

Für roten Nudelteig
1 EL Tomatenmark, 2 EL Rote-Bete-Saft (sirupartig eingekocht) oder 1 EL Rote-Bete-Pulver (siehe Bezugsquellen Seite 158)

Für gelben Nudelteig
½ EL Kurkumapulver

Für grünen Nudelteig
1–2 EL Spinat, Basilikum oder Bärlauch (alles gekocht und sehr fein gehackt) oder 1 EL Spinatpulver (siehe Bezugsquellen Seite 158)

Für gesprenkelten Nudelteig
2 EL frisch gemahlener Mohn

Für braunen Nudelteig
1–2 EL gesiebtes, schwach entöltes Kakaopulver

Für schwarzen Nudelteig
1 EL Sepia-Tinte (gibt es beim Fischhändler)

Für aromatisierten Nudelteig
Mark von 1 Vanilleschote, 1 EL Steinpilzpulver (siehe Bezugsquellen Seite 158 oder in gut sortierten Supermärkten), 1 EL fein abgeriebene Zitrusschale von Bio-Früchten

Wer den Teig nicht mit der Nudelmaschine verarbeiten möchte (siehe Seite 52), formt ihn per Nudelholz und/oder Hand zu:

Orecchiette
Dazu kleine Portionen vom Nudelteig abnehmen, zu etwa kleinfingerdicken Strängen rollen und mit einem gezackten Gemüsemesser fingerdicke Stücke abtrennen. Dabei die gezackte Messerklinge über das gerade abgetrennte Teigstück ziehen (raut die Pasta auf, um besser Sauce aufnehmen zu können) und danach dieses noch über eine Fingerkuppe stülpen (gibt die zierliche Öhrchenform). Klingt kompliziert? Dann einfach jedes Teigstück mit dem Daumen der rechten Hand in die Handfläche der linken Hand drücken. Dann sind die Orecchiette zwar nicht authentisch, aber durchaus ansehnlich.

Farfalle
Den Nudelteig halbieren. Nacheinander die Teighälften mit etwas Dunst bestäuben und mit einem Nudelholz dünn ausrollen, dabei immer wieder um 90 Grad drehen und wenden. Teigplatten mit einem gewellten Teigrad in möglichst lange und 4–5 cm breite Streifen schneiden. Diese werden dann mit einem Messer in 3–4 cm lange Stücke geschnitten. Die kleinen Teigstücke mittig von den glatten Seiten her zu einem »Schmetterling« zusammendrücken.

Verpackung & Deko

Zwei Tütchen in einem, mit einem Herz als praktisches Sichtfenster: So werden die liebevoll geformten Farfalle perfekt in Szene gesetzt (siehe Kombi-Verpackung Seite 155).

Bon appétit

OFENGETROCKNETE TOMATEN

Ein Rezept mit Wow-Effekt – minimaler Aufwand, maximales Ergebnis! Durch das langsame Trocknen potenziert sich der natürliche Tomatengeschmack und lässt jede Supermarkt-Variante blass aussehen.

Zubereitungszeit: 15 Minuten
(+ 4 Stunden Trocknen)
Ergibt: 400 ml

500 g kleine, bunte Kirschtomaten (möglichst gleich groß) | feines Meersalz | 3 Zweige Thymian (wer mag) | etwa ¼ l Olivenöl | Twist-off-Gläser oder Einmachgläser (sterilisiert)

1. Backofen auf 140 °C vorheizen, Backblech mit Backpapier auslegen. Tomaten waschen, halbieren und mit den Schnittflächen nach oben auf dem Blech verteilen, leicht salzen. Eventuell noch Thymian abbrausen und trocken schütteln, Blättchen abstreifen, über die Tomaten streuen.

2. Blech in den Ofen (Mitte, Umluft 130 °C) schieben und die Tomaten 2–4 Stunden trocknen lassen. Die Dauer ist stark von der Größe und Qualität der Tomaten abhängig, deshalb regelmäßig den Trocknungsgrad kontrollieren. Sie sollen ihre Feuchtigkeit verlieren und langsam in sich zusammenschrumpeln, aber auf keinen Fall komplett austrocknen und zäh werden. (Die Tomaten lassen sich noch schonender bei 80 oder 90 °C trocknen, dann kann sich die Zeit im Ofen allerdings verdoppeln.)

3. Tomaten aus dem Ofen nehmen, sobald sie die gewünschte Konsistenz erreicht haben, und in die Gläser geben. Mit so viel Olivenöl auffüllen, dass die Tomaten großzügig damit bedeckt sind. Gut verschließen und bis zum Verschenken im Kühlschrank aufbewahren. (Wenn das Öl flockig wird, so mindert dies nicht die Qualität der Tomaten, bei Zimmertemperatur verflüssigt es sich schnell wieder.)

Verpackung & Deko: Schnell gemacht – ein klassisches Einmachglas mit Universalklammer und ein selbst gemaltes Etikett.

Haltbarkeit:
mind. 1–2 Wochen
(im Kühlschrank)
Für:
Pesto oder Antipasti, als
Brot- oder Baguette-
aufstrich, pur

EINGELEGTER KNOBLAUCH

Praktischer geht es kaum: Mit einem Gläschen von diesem eingelegten Knoblauch im Kühlschrank spart man sich lästiges Knoblauchschälen und hat immer Vorrat parat.

Zubereitungszeit: 20 Minuten
(+ 40–60 Minuten Garen)
Ergibt: etwa 350 ml

2 große Knollen Knoblauch | etwa ½ l Olivenöl | je 2 Zweige Thymian und Rosmarin (wer mag) | 1 Lorbeerblatt (wer mag) | ½ TL schwarze Pfefferkörner (wer mag) | Twist-off-Gläser (sterilisiert)

1. Knoblauchzehen von den Knollen lösen, aber nicht schälen. Wasser in einem Topf zum Kochen bringen, Knoblauchzehen darin je nach Größe 30–60 Sekunden kochen lassen. In ein Sieb abgießen und abschrecken. Holzige Enden der Zehen abschneiden, die Zehen aus den Häuten pellen.

2. Knoblauchzehen und das Olivenöl in den Topf geben, die Zehen sollen alle großzügig mit Öl bedeckt sein. Nach Belieben den Thymian und den Rosmarin abbrausen, trocken schütteln, kleiner schneiden und mit dem Lorbeerblatt und den Pfefferkörnern in den Topf geben.

3. Das Öl nicht zu schnell erhitzen, der Knoblauch soll ganz sanft ziehen – meist genügt dazu die niedrigste Stufe auf dem Herd. Abhängig von ihrer Größe sind die Zehen nach 40–60 Minuten gar. Mit einem Messer anpieksen, wenn sie sich weich anfühlen, sind sie fertig.

4. Knoblauch mit der Schaumkelle aus dem Öl fischen und in die Gläser geben. Mit heißem Öl auffüllen (eventuell Kräuter und Pfeffer vorher entfernen), bis die Zehen vollständig bedeckt sind. Gut verschließen und bis zum Verschenken im Kühlschrank aufbewahren. Das übrig gebliebene Knoblauchöl nicht wegwerfen – es lässt sich gut zum Kochen verwenden.

Verpackung & Deko: Am besten immer die Augen aufhalten nach ungewöhnlichen und attraktiven Glasformen – in schlanken, hohen Gläsern wirkt der Knoblauch besonders elegant.

POMODORINI
SECCHI
@ V0?

GARLIC CONFIT

20 11

• 1   • 2   • 3   • 4

GOMASIO – ASIATISCHES GEWÜRZSALZ

Zubereitungszeit: 20 Minuten
Ergibt: etwa 85 g

**50 g ungeschälte hellbraune Sesamsamen | 25 g Schwarzkümmel
10 g flockiges Meersalz (z. B. Fleur de Sel oder Maldon)**

1. Sesam und Schwarzkümmel in eine große Pfanne geben und bei mittlerer Hitze langsam rösten, bis der Sesam goldbraun ist. Die Pfanne dabei immer wieder schwenken, damit alles gleichmäßig bräunt und dabei keinesfalls zu dunkel wird (bitter!).

2. Die warme Sesammischung mit Salz entweder traditionell im Mörser (abhängig von dessen Größe in mehreren Durchgängen) oder im elektrischen Blitzhacker zu einem groben Pulver verarbeiten, einzelne Samen dürfen aber durchaus noch erkennbar sein. Bis zum Verschenken in luftdicht verschlossenen Behältern dunkel und kühl aufbewahren.

Verpackung & Deko: Gewürzsalz in kleine Tütchen aus Pergamentpapier füllen und mit bunten, gemusterten Aufklebern verschließen.

> *Haltbarkeit:*
> ein paar Wochen bis Monate (dunkel, kühl)
>
> *Für:*
> das Gewürzschränkchen, zum Abschmecken und Verfeinern

ZATAR – ORIENTGEWÜRZ

Diese besonders im Mittleren Osten beliebte Gewürzmischung tunkt man am besten mit in Olivenöl gedipptem Fladenbrot auf.

Zubereitungszeit: 15 Minuten
Ergibt: etwa 40 g

**30 g ungeschälte hellbraune Sesamsamen | ½ TL flockiges Meersalz (z. B. Fleur de Sel oder Maldon) | 1 EL Sumach (gibt es im türkischen Lebensmittelladen)
1 EL getrockneter Thymian oder eine Mischung aus Thymian, Oregano und Majoran**

1. Sesam langsam goldbraun rösten, dann mit dem Salz in einem Mörser oder einem elektrischen Blitzhacker zu einem groben Pulver verarbeiten (siehe auch oben).

2. Das Pulver mit den restlichen Zutaten vermischen. Bis zum Verschenken in luftdicht verschlossenen Behältern dunkel und kühl aufbewahren.

Verpackung & Deko: Gewürzdöschen lassen sich mit Papierbanderolen aufpeppen und mit dem Orientgewürz befüllen.

POMMES-GEWÜRZ

Selbst gemachte Pommes frites schmecken mit der eigenen Gewürzmischung noch mal so gut. Einfach zusammen in eine große Schüssel geben und durchschwenken.

Zubereitungszeit: 10 Minuten
Ergibt: etwa 80 g

4 EL feines Meersalz | 1 TL getrocknete Knoblauchstückchen | 2 TL Paprikapulver (am besten scharf und geräuchert) | 2 TL Garam Masala | 1 TL mildes Currypulver (z.B. Madras) ½ TL Cayennepfeffer | ½ TL frisch gemahlener schwarzer Pfeffer

1. In einem Mörser 1 TL Salz mit dem Knoblauch zu feinem Pulver zermahlen, dann mit den übrigen Zutaten vermengen. (Gegebenenfalls noch nach eigenen Vorlieben weiter abschmecken.) Bis zum Verschenken in luftdicht verschlossenen Behältern dunkel und kühl aufbewahren.

Verpackung & Deko: Das Gewürz in Papiertütchen füllen und diese grob zunähen.

GARAM MASALA

Der Name dieser Gewürzmischung steht lediglich für »heiße, scharfe Mischung« und ihre Zusammensetzung variiert je nach indischer oder asiatischer Region.

Zubereitungszeit: 30 Minuten
Ergibt: etwa 60 g

3 EL schwarze Pfefferkörner | 2 EL Koriandersamen | 2 EL Kreuzkümmelsamen 1 TL Nelken | 10–15 grüne Kardamomkapseln | ½ Zimtstange (5 cm)

1. Alle Gewürze in einer Pfanne bei geringer Hitze anrösten (Kardamomkapseln dazu leicht andrücken), dabei gelegentlich umrühren und nicht zu dunkel werden lassen. Dann vom Herd nehmen und in einer Schüssel abkühlen lassen.

2. Die Samen aus den Kardamomkapseln pulen, die Zimtstange zerkleinern. Nun alle Gewürze fein mahlen (Gewürzmühle, Mörser oder ausrangierte Kaffeemühle). Bis zum Verschenken in luftdicht verschlossenen Behältern dunkel und kühl aufbewahren.

Verpackung & Deko: Mini-Gläser eignen sich besonders, da der Inhalt gut sichtbar ist.

CHINESISCHE PFLAUMENSAUCE

Wenn sich im Hochsommer die schönsten Pflaumen in den Obstregalen stapeln, dann ist es an der Zeit, diese Sauce auf Vorrat zu kochen. Den typischen Geschmack erhält die Sauce durch Gewürze wie Anis, Zimt, Nelken und Ingwer. Nach Möglichkeit unbedingt mit Szechuan-Pfeffer zubereiten (im Asienladen erhältlich), dessen ätherische Öle verleihen der Sauce eine besondere Note!

Haltbarkeit:
einige Wochen
(im Kühlschrank)
Für:
asiatische Gerichte, zum
Dippen von Wan Tan
und Frühlingsrollen

Zubereitungszeit: 30 Minuten
Ergibt: etwa ½ l

¼ TL Szechuan-Pfeffer (ersatzweise
    schwarze Pfefferkörner)
5 Nelken
1–2 kleine getrocknete Chilischoten
150 g dunkelbrauner Roh-Rohrzucker
    (z. B. Muscovado)
1 Stück Ingwer (2–3 cm)
1–2 Knoblauchzehen
500 g blaue oder rote Pflaumen
⅛ l Rotweinessig oder Reisessig
¼ TL gemahlener Anis
¼ TL gemahlener Zimt
etwa 1 EL Sojasauce
gut verschließbare Flaschen (sterilisiert)

1. Szechuan-Pfeffer, Nelken und Chilischoten zusammen mit 1 TL Zucker (dann geht's leichter) fein mörsern. Den Ingwer schälen und fein reiben, die Knoblauchzehen schälen und klein hacken.

2. Die Pflaumen waschen, halbieren, entkernen und in Spalten schneiden. Mit Essig, restlichem Zucker, gemörserten Gewürzen, Anis und Zimt in einen großen Topf geben und alles zum Kochen bringen. Die Pflaumen in etwa 10 Minuten bei mittlerer Hitze weich kochen, dabei gelegentlich immer wieder mal umrühren.

3. Dann die Pflaumen mit einem Pürierstab zu einer samtigen Sauce mixen und mit Sojasauce würzig abschmecken. Die Sauce in die Flaschen füllen, gut verschließen und bis zum Verschenken im Kühlschrank aufbewahren.

Tipps

Wer sehr gerne asiatisch isst, der hat mit dieser Pflaumensauce einen praktischen Alleskönner im Kühlschrank. Sie passt nicht nur als Dip zu Frühlingsrollen und Wan Tan, sondern schmeckt auch zu einer Peking-Ente oder zum Fondue. Ihr Schärfegrad kann natürlich individuell angepasst werden, von einem dezenten Kick bis zu »nur für Fortgeschrittene« – einfach Chilimenge erhöhen oder verringern. Weniger typisch, aber gleichermaßen köstlich: Die Sauce mit anderen Früchten wie Pfirsichen oder Aprikosen zubereiten.
Für eine dickere Konsistenz die Sauce entweder weitere 10–15 Minuten offen einkochen oder zum Schluss 1 EL Gelierzucker 1:1 unterrühren und die Sauce noch 5 Minuten kochen lassen.

Verpackung & Deko

Anstatt eines gekauften Schmuckbands eines aus Bast flechten, über den Flaschenkorken oder -verschluss legen und mit Stickern befestigen.

SÜSSSAURE INGWER-CHILI-SAUCE

Diese Sauce lässt sich so einfach und schnell herstellen, dass man nie wieder auf die Idee kommen wird, sie im Asienladen zu besorgen. Im Gegensatz zur gekauften Variante enthält dieses Rezept noch frischen Ingwer, was der Sauce eine besonders frische Schärfe verleiht. Sie eignet sich hervorragend, um Nudel- oder Reisreste vom Vortag aufzupeppen: einfach klein geschnippeltes Gemüse anbraten, mit Reis oder Nudeln vermischen und mit der Sauce würzen.

Zubereitungszeit: 20 Minuten
Ergibt: etwa 350 ml

1 Stück Ingwer (etwa 2 cm)
2 große, nicht ganz so scharfe rote
    Chilischoten
1 kleine, richtig scharfe rote Chilischote
    (wer mag)
5 Knoblauchzehen
100 ml Reisessig
200 g Zucker
1–1 ½ TL feines Meersalz
1 EL Speisestärke
gut verschließbare Flaschen (sterilisiert)

1. Ingwer schälen und fein reiben. Chilischoten waschen und entstielen, dann fein hacken (die kleine Chili ist nur für diejenigen, die die Sauce richtig scharf mögen). Knoblauch schälen und ebenfalls fein hacken.

2. Alle vorbereiteten Zutaten mit Essig, Zucker, Salz und 300 ml Wasser in einem Topf erhitzen und 5 Minuten bei mittlerer Hitze köcheln lassen.

3. Die Stärke in einem Schüsselchen mit 1 ½ EL kaltem Wasser verrühren, bis sie sich komplett aufgelöst hat. Dann in die Sauce einrühren und diese für etwa 2 Minuten leicht weiterköcheln lassen, bis sie merklich eingedickt ist.

4. Die Ingwer-Chili-Sauce mit Salz abschmecken und in die Flaschen abfüllen, gut verschließen. Bis zum Verschenken im Kühlschrank aufbewahren.

Tipp
Fertig gekaufte süßsaure Chilisaucen sind relativ mild abgeschmeckt. Wer dem nahe kommen mag, nimmt für seine hausgemachte Sauce nur die großen Chilischoten mit ihrer etwas milderen Schärfe. Echten Chili-Junkies steht es natürlich frei, die wesentlich feurigeren, kleinen Chilis (Bird's eye oder Piri-Piri, Faustregel: Je kleiner die Chilischote, umso schärfer ist sie) zu verwenden. Dann sollte man bei der Verarbeitung allerdings wirklich vorsichtig sein, denn jeglicher Kontakt mit Schleimhäuten hat ein höllisches Brennen zur Folge. Mit Einweghandschuhen ist man auf der sicheren Seite.

Verpackung & Deko
Ein kleines Stück Papier aus einer chinesischen Zeitung (Bahnhofskiosk, Asienladen) ausschneiden, dann mit einem Stempel beschriften und als Etikett verwenden.

Haltbarkeit:
ein paar Wochen
(im Kühlschrank)

Für:
asiatische Reisgerichte
und Gegrilltes, zu
Frühlingsrollen

BBQ-CHILI-SAUCE

Die Kombination aus rauchigen Chipotle-Jalapeño-Chilischoten und Malzbier sorgt für einen unnachahmlichen BBQ-Geschmack, der das Herz jedes Grillfans höher schlagen lässt.

Zubereitungszeit: 25 Minuten
(+ 20 Minuten Kochen)
Ergibt: etwa ½ l

1 große Zwiebel | 3–4 Knoblauchzehen
1 TL getrocknete Jalapeño-Chili-Flakes (Chipotle, ersatzweise andere getrocknete Chiliflocken)
½ TL Kreuzkümmelsamen
2 EL Sonnenblumenöl | ½–1 TL feines Meersalz
50 g dunkelbrauner Roh-Rohrzucker (z. B. Muscovado)
500 g Dosentomaten (ersatzweise pürierte Tomaten)
2 EL Weißweinessig | 100 ml Malzbier
1 TL Worcestersauce | frisch gemahlener schwarzer Pfeffer
gut verschließbare Flaschen (sterilisiert)

1. Zwiebel schälen und klein würfeln, Knoblauch schälen und in feine Scheiben schneiden. Chili und Kreuzkümmel fein mörsern. Öl in einem Topf erhitzen und darin die Zwiebel bei mittlerer Hitze andünsten.

2. Sobald die Zwiebel glasig wird, Knoblauch dazugeben. Sobald beides beginnt zu bräunen – die Röststoffe sind wichtig für den späteren Geschmack der Sauce –, gemörserte Gewürze, Salz und den Zucker zugeben und kurz mitrösten. Tomaten, Essig und Malzbier untermischen und alles mindestens 20 Minuten bei geringer Hitze einköcheln lassen.

3. Die Sauce mit Worcester und Pfeffer würzen. Mit einem Pürierstab fein sämig zerkleinern und abschmecken. In die Flaschen füllen, gut verschließen und bis zum Verschenken im Kühlschrank aufbewahren.

Verpackung & Deko: Folgt man einer BBQ-Einladung, am besten gleich den Pinsel zur Chilisauce mitbringen!

NEKTARINEN-KORIANDER-SALSA

Wem die klassische Tomatensalsa zu einfallslos ist, der mischt kurzerhand ein paar Sommerfrüchte mit darunter und staunt nicht schlecht: Besser als das Original!

Zubereitungszeit: 15 Minuten
Ergibt: etwa ½ l

1 kleine rote Zwiebel | 1 Knoblauchzehe
½ große grüne Chilischote
300 g Nektarinen (Pfirsiche und Mangos schmecken auch fein)
100 g gelbe oder rote Kirschtomaten
1 Bund Koriandergrün | 1 Bio-Limette
1 EL dunkelbrauner Roh-Rohrzucker (z. B. Muscovado)
feines Meersalz
gut verschließbare Flaschen (sterilisiert)

1. Zwiebel und Knoblauch schälen und fein würfeln. Chilischote waschen und fein hacken (wer es kaum scharf mag, der entfernt zuvor die Kerne und Trennwände). Die Nektarinen vierteln, entsteinen, mit einem Messer oder Sparschäler schälen und grob würfeln. Die Tomaten waschen und vierteln. Den Koriander abbrausen, trocken schütteln und die Blättchen hacken (es sollten 2–3 EL sein). Limette heiß waschen und abtrocknen, die Schale fein abreiben und den Saft auspressen,

2. Alle vorbereiteten Zutaten mit Zucker und Salz in einen Mixer oder in eine Küchenmaschine mit Schneideeinsatz geben (ein Pürierstab funktioniert ebenfalls) und bis zur gewünschten Konsistenz pürieren.

3. Die Nektarinen-Koriander-Salsa abschmecken und in die Flaschen füllen, gut verschließen. Bis zum Verschenken im Kühlschrank aufbewahren.

Verpackung & Deko: Für nur kurz haltbare Lebensmittel eignen sich auch recycelte Flaschen (sterilisiert!) perfekt als Verpackung. Die Etiketten zuvor entfernen und die Deckel mit bunter Folie oder Papier überkleben.

Haltbarkeit:
Salsa ein paar Tage,
Sauce ein paar Wochen
(im Kühlschrank)
Für:
gegrilltes Fleisch und
Gemüse

BACKMISCHUNG FÜR RATZ-FATZ-KUCHENWÜRFEL

Haltbarkeit: ein paar Monate an einem dunklen, kühlen Ort
Für: faule Schleckermäuler und Kuchenliebhaber, die gerne auch mal selber backen – wenn's schnell geht, oder für den eigenen Vorratsschrank

Mit dieser selbst zusammengestellten Backmischung bringt man sogar die faulsten Backmuffel zum Kuchenbacken. Die Zutaten müssen einfach nur in ein dekoratives Glas eingeschichtet werden. Fertig!

Zubereitungszeit: 10 Minuten
Ergibt: ein ½-l-Glas

125 g Mehl
1 TL Backpulver
1 Prise feines Meersalz
2 EL Kakao
50 g gehackte Haselnüsse
40 g Kokosraspel oder gemahlene
**   Nüsse (z.B. Haselnüsse)**
125–150 g weißer Zucker oder
**   dunkelbrauner Roh-Rohrzucker**
**   (z.B. Muscovado)**
Einmachglas

1. Mehl mit Backpulver und Salz in einer Schüssel vermischen, in das Glas füllen. Dann nach und nach die anderen Zutaten einfüllen. Dabei das Glas vor jeder neuen Zutatenschicht immer wieder auf den Tisch stoßen, damit die einzelnen Schichten schön dicht gepackt sind. Die Menge der letzten Schicht (Zucker) dem verbleibenden Volumen anpassen.

2. Das Glas sollte möglichst randvoll gefüllt werden, nur dann bleibt das Schichtmuster auch tadellos erhalten, wenn das Glas transportiert wird (oder versehentlich mal auf den Kopf gestellt wird). Das Glas gut verschließen und bis zum Verschenken an einen kühlen, dunklen Ort stellen.

Verpackung & Deko
Nun noch der Kuchenmischung eine Rezeptkarte anhängen, die folgende Anleitung enthält:

Ich bin eine Ratz-Fatz-Backmischung, mit viel Liebe zusammengestellt und nur für Dich!

Folgende Zutaten MUSST Du mir noch zugeben:
125 g geschmolzene, leicht abgekühlte Butter und 2 Eier (L)

Folgende Extras KANNST Du mir noch zugeben:
1 zerdrückte, kleine, sehr reife Banane ODER 2 EL Nussnugatcreme ODER 2 EL Erdnussbutter

So werde ich zu einem leckeren Kuchen:

1. Den Backofen auf 175 °C vorheizen. Eine Brownie-Backform (etwa 20 x 20 cm, ersatzweise eine 28-cm-Springform) mit Backpapier auslegen.

2. Die Butter in eine große Schüssel (oder in eine Küchenmaschine) geben. Oberste Zuckerschicht mit einem Löffel aus dem Glas nehmen, zufügen. Mit den Quirlen des Handrührgeräts (oder der Küchenmaschine) gute 3 Minuten aufschlagen. Die Eier nacheinander zugeben, kurz aufschlagen.

3. Jetzt ist der richtige Zeitpunkt, eines der Extras unterzumischen, ansonsten einfach den gesamten restlichen Glasinhalt in die Schüssel leeren und gerade so lange unter die Butter-Eier-Masse rühren, bis alles gleichmäßig vermengt ist.

4. Den Teig in die vorbereitete Form füllen und glatt streichen. Form in den Ofen (Mitte, Umluft 160 °C) schieben und den Kuchen 25–35 Minuten backen. Vor dem Herausnehmen ein Holzstäbchen in die Mitte des Kuchens stechen: Bleibt kein Teig mehr daran kleben, ist der Kuchen fertig.

5. Den fertigen Kuchen aus dem Ofen holen und 10 Minuten in der Form abkühlen lassen. Dann aus der Form nehmen, auf einem Kuchengitter vollständig auskühlen lassen, in Würfel teilen.

Viel Spaß beim Backen!

Einfach raffiniert

Baisers

Popcorn

Schmucke Kekse

Cracker

Knusper-Granola

Törtchen

Fruchtgelee

Trüffel & Konfekt

Pickles

Eingelegtes Gemüse

Frischkäsebällchen

BUNTE MINI-BAISERS

Haltbarkeit: luftdicht verpackt ein paar Wochen
Für: Naschkatzen, Kindergeburtstage und eine besondere Torten-Deko, zerkrümelt über Eiscreme oder Desserts

Ein zuckersüßer Hauch von Nichts, der auch noch kinderleicht herzustellen ist.

Zubereitungszeit: 30 Minuten (+ 2 Stunden Backen und anschließendes Trocknen)
Ergibt: 70–80 Stück

Für die pure Baisermasse
2 Eiweiß (L)
1 Prise feines Meersalz
125 g feinster Zucker (kein Puderzucker)
1 TL Zitronensaft

Für das Aroma (wer mag)
1–2 EL Kakaopulver, lösliches Kaffeepulver, Matchapulver oder fein gemörserte, gefriergetrocknete Beeren
oder
1–2 TL gemahlener Zimt, gemahlenes Kardamom oder fein gemörserte schwarze Teeblätter
oder
Mark von 1 Vanilleschote

Für die Farbe (wer mag)
ein paar Tropfen Lebensmittelfarbe

1. Eiweiße und Salz in eine große Schüssel geben und mit den Quirlen des Handrührgerätes bei hoher Geschwindigkeit schaumig schlagen (noch besser: die Küchenmaschine nehmen). Wenn die Eiweiße beginnen fest zu werden, den Zucker langsam einrieseln lassen, dann Zitronensaft dazugeben. So lange weiterschlagen, bis sich richtig steife Spitzen bilden, und die Baisermasse einen schönen Glanz hat (das dauert mindestens 5 Minuten).

2. Für aromatisierte oder bunte Baisers nun nach Wunsch Kakao, Kaffee, Matcha, Beeren, Zimt, Kardamom, schwarzen Tee, Vanillemark oder Lebensmittelfarbe vorsichtig unter die Baisermasse ziehen.

3. Den Backofen auf 100 °C vorheizen, zwei Backbleche mit Backpapier auslegen. Die Baisermasse in einen Spritzbeutel mit Stern- oder Lochtülle füllen und mit ein wenig Abstand kleine, mundgerechte Tupfen (oder andere Formen) auf die Bleche spritzen.

4. Beide Backbleche in den Ofen (Umluft 100 °C) schieben – eines im oberen Drittel und eines im unteren. Je nach Größe der Baisers 1–2 Stunden backen. Dann Ofen ausschalten und die Baisers vollständig in dem Ofen durchtrocknen und auskühlen lassen. Sie sind fertig, wenn sie sich ganz leicht vom Backpapier lösen lassen und beim Draufklopfen hohl klingen. Die Baisers unbedingt bis zum Verschenken in luftdicht verschlossenen Behältern aufbewahren.

Tipps

Damit die Mini-Baisers gelingen, müssen sowohl die Schüssel als auch die Quirle des Handrührgerätes (oder der Küchenmaschine) absolut sauber und fettfrei sein. Sonst werden die Eiweiße keinesfalls steif.
Für einen besonders schönen Farbeffekt füllt man 1 EL pure Baisermasse in den Spritzbeutel und träufelt darauf 1–2 Tropfen Lebensmittelfarbe, dann wieder Baisermasse einfüllen – und so fort. Beim Aufspritzen auf das Blech entsteht so ein überraschender Marmoreffekt.
Für die Verzierung der Mini-Baisers eignen sich vielerlei Zutaten. Vor dem Backen lassen sich die Tupfen zum Beispiel mit bunten Zuckerstreuseln oder gemahlenen Pistazien bestreuen. Nach dem Backen (vollständig abgekühlt) kann man sie mit Puderzucker oder Kakaopulver bestäuben. Auch sehr schön: Boden der Baisers in geschmolzene Schokolade eintauchen oder die Oberfläche mit einem feinen Schokogitternetz versehen.

Verpackung & Deko

Diese zauberhaften kleinen Baiser-Tupfen gehören unbedingt in eine hübsche Dose aus Glas oder in ein Zellophantütchen, alles andere wäre Frevel!

POPCORN MIT KARAMELL

Haltbarkeit: luftdicht verpackt ein paar Tage, ganz frisch ist es aber unschlagbar
Für: einen gemütlichen Filmabend vor der »Leinwand« daheim, als Mitbringsel für (Kinder-)Geburtstage oder eimerweise als Knabberei zur großen Party

Selbst gemachtes Popcorn, das schmeckt wie im Kino? Nein – viel besser!

Zubereitungszeit: 20 Minuten
Ergibt: etwa 1 ½ l (für 4 Personen)

3–4 EL Butterschmalz oder
   Sonnenblumenöl
50 g Popcorn-Mais (wer es nicht
   ganz so süß mag, nimmt die
   doppelte Menge)
1–2 Prisen feines Meersalz
knapp ½ TL Natron
½ Vanilleschote
125 g Zucker
2 EL heller Sirup (z. B. Golden
   Syrup, heller Zuckerrübensirup
   oder Ahornsirup)
1 EL Butter

1. Schmalz oder Öl in einem großen Topf bei mittlerer bis starker Hitze erhitzen. Wenn das Fett richtig heiß ist (rauchen soll es aber nicht!), Maiskörner zugeben, Topf einmal durchschwenken und den Deckel auflegen. Sobald die ersten Körner beginnen, regelmäßig zu ploppen, Hitze um die Hälfte reduzieren und den Topf ab und zu leicht rütteln. Topf vom Herd nehmen, sobald das Ploppen verstummt.

2. Den Backofen auf 50 °C (Umluft ebenfalls 50 °C) vorheizen, ein Backblech mit Backpapier auslegen. Das Popcorn auf dem Blech verteilen, nicht gepuffte Kerne gleich aussortieren. Popcorn im Ofen (Mitte) warm halten – das Karamell verteilt sich dann später leichter um die gepufften Kerne.

3. Salz und Natron vermischen, bereitstellen. Vanilleschote längs aufschneiden, Mark herauskratzen und mit Zucker, Sirup, 2 EL Wasser und Butter in einem großen Topf bei mittlerer bis starker Hitze heiß werden lassen, bis der Zucker geschmolzen ist, dabei nicht umrühren. Dann den Topf schwenken (so verteilt sich die Vanille) und bei mittlerer Hitze den Zucker in 3–5 Minuten karamellisieren lassen.

4. Sobald der Zucker beginnt, die typische Karamellfarbe anzunehmen, den Topf vom Herd nehmen. Salzmischung einrühren, bis die Masse leicht zu schäumen beginnt, und das Popcorn mit Hilfe des Backpapiers in den Topf gleiten lassen. Mit einem langen Kochlöffel so lange verrühren, bis das Popcorn gleichmäßig mit Karamell überzogen ist.

5. Dann das Popcorn auf das wieder mit dem Backpapier ausgelegte Blech geben und zügig in kleine Häufchen trennen. Ganz auskühlen lassen und bis zum Verschenken luftdicht verpackt aufbewahren.

Varianten

Weitere Aroma-Überraschungen – Anstatt der Vanille einmal 1 TL gemahlenen Zimt oder Kakaopulver dazugeben. Oder zum Schluss – bevor der Karamellüberzug erkaltet und starr wird – noch ein paar Kokosraspel oder gehackte Erdnüsse unter das Popcorn mischen.
Spicy Popcorn – 1 TL getrockneten Knoblauch mit ½ TL Kreuzkümmelsamen und ¼–½ TL Chili Flakes (ersatzweise Chilipulver) fein mörsern und mit ½ TL Garam Masala (siehe Seite 59) und ein wenig frisch gemahlenem schwarzen Pfeffer vermischen. Wie beschrieben aus 50 g Popcorn-Mais mit 3–4 EL Öl Popcorn zubereiten, dabei gleich zu Beginn 1–1 ½ TL feines Meersalz zusammen mit dem Öl in den Topf geben. Frisches Popcorn sofort in einer großen Schüssel mit der Gewürzmischung vermengen, abschmecken, auskühlen lassen. Luftdicht verpackt bis zum Verschenken aufbewahren.

Verpackung & Deko

Damit das Popcorn keine Fettflecken hinterlässt, zunächst in eine Zellophantüte, dann erst in eine dekorative Papiertüte verpacken.

SCHMUCKKEKSE

Haltbarkeit: luftdicht verpackt ein paar Wochen
Für: Motto-Partys und Baby-Showers (Feier für werdende Mütter), zum Geburtstag und Valentinstag, zu Weihnachten, Halloween und Ostern

Bei diesen Keksen ist Kreativität und ein bisschen Geduld gefragt – dann können daraus richtige kleine Kunstwerke entstehen!

Zubereitungszeit: 30 Minuten (+ 30 Minuten Kühlen und 8–10 Minuten Backen sowie die Zeit zum Verzieren)
Ergibt: 70–80 Stück (je nach Größe der Plätzchen)

300 g Mehl (+ etwas mehr zum Arbeiten)
75 g Zucker
25 g Vanillezucker
1 Bio-Zitrone
200 g kalte Butter
1 Ei (L)
beliebige Plätzchenausstecher

1. Mehl, Zucker und Vanillezucker in eine große Schüssel geben. Die Zitrone heiß waschen und abtrocknen, ein wenig Schale (maximal die Hälfte) fein in die Schüssel reiben, alles vermengen.

2. Die Butter klein würfeln (oder auf einer groben Gemüsereibe raspeln), zusammen mit dem Ei in die Schüssel geben und alles zügig von Hand zu einem Mürbeteig verkneten. Den Teig halbieren, jeweils zu fingerdicken Scheiben formen, in Frischhaltefolie wickeln und für mindestens 30 Minuten in den Kühlschrank legen.

3. Backofen auf 180 °C (Umluft 160 °C) vorheizen, zwei Backbleche mit Backpapier auslegen. Arbeitsfläche mit Mehl bestäuben und die erste Teighälfte mit dem ebenfalls bemehlten Nudelholz 4 mm dick ausrollen. Gewünschte Motive mit den Plätzchenausstechern ausstechen.

4. Die Plätzchen mit ein wenig Abstand auf den Backblechen platzieren und nacheinander im Ofen (Mitte) in 8–10 Minuten goldgelb backen. Aus dem Ofen nehmen, kurz auf dem Blech abkühlen lassen, dann auf ein Kuchengitter legen und vollständig auskühlen lassen.

5. Die Kekse können gleich – ein Muss bei der gefüllten Variante – oder später verziert (siehe rechts) und dann verschenkt werden. In jedem Fall aber bis zum Verschenken in luftdicht verschlossenen Behältern aufbewahren.

Kekse verzieren

Knöpfe »formen« – Runde Kekse ausstechen, dann mit einem nur 1 cm kleineren runden Ausstecher einen feinen Kreis in den Teig eindrücken (nicht durchstechen!). Zum Schluss noch in der Mitte vier »Knopflöcher« mit einem Holzspieß einstechen.
Kekse mit Füllung – Wie traditionelle Spitzbuben jeweils zwei deckungsgleiche Plätzchen mit Nuss-Nugat-Creme oder leicht angewärmter Konfitüre füllen und mit Puderzucker oder Kakao bestäuben oder in geschmolzene Schokolade tauchen.
Bunte Kekse – 1 Eiweiß (L), 140 g gesiebten Puderzucker und 1 TL Zitronensaft zu einem Guss anrühren (falls gewünscht, mit einigen Tropfen Lebensmittelfarbe einfärben). Mit einem Pinsel oder Spritzbeutel mit sehr feiner Tülle auf die Plätzchen auftragen (geht auch mit einem Gefrierbeutel, dann einfach ein kleines Stück einer Ecke abschneiden). Eventuell noch mit bunten Zuckerstreuseln oder gehackten Nüssen bestreuen, trocknen lassen.

Verpackung & Deko

Als kleine Aufmerksamkeit und als Dankeschön: Zwei oder drei liebevoll verzierte Schmuckkekse in ein kleines Zellophantütchen stecken und mit einer bunten Papiermanschette und einem netten Gruß versehen.

SCHWARZ-WEISS-COOKIES MIT WALNÜSSEN

Haltbarkeit: luftdicht verpackt ein paar Tage
Für: anspruchsvolle Naschkatzen und als Mitbringsel zu Kaffee und Tee oder
als feines Dankeschön für den Blumengießdienst, ...

Walnüsse, Schokolade, Kaffee und Kardamom – diese Cookies müssen einen schlichtweg zum Naschen verführen! Sieht man dazu noch ihr elegantes schwarz-weißes Outfit, ist es um einen geschehen.

Zubereitungszeit: 30 Minuten
(+ 2 Stunden Kühlen und
12–14 Minuten Backen)
Ergibt: etwa 15 Stück

3 grüne Kardamomkapseln
100 g Zucker
100 g Zartbitterschokolade
    (50–70 % Kakao)
25 g Butter
1 EL Kaffeelikör (z. B. Kahlúa)
    oder kalter Espresso
1 Ei (L)
50 g gemahlene Walnüsse
50 g Mehl
¼ TL Backpulver
1 Prise feines Meersalz
50 g Puderzucker

1. Die Kardamomkapseln quetschen und aufbrechen, die dunklen Samen herauspulen und im Mörser mit ½ TL Zucker fein zermahlen. Die Schokolade grob hacken, zusammen mit Butter und Likör oder Espresso in eine kleine Metallschüssel geben und über dem heißen Wasserbad unter Rühren schmelzen lassen. Die Schüssel zur Seite stellen und die Mischung ein paar Minuten abkühlen lassen.

2. Das Ei und 50 g Zucker in eine große Schüssel geben und mit den Quirlen des Handrührgeräts (auch gut: die Küchenmaschine) mehrere Minuten aufschlagen, bis die Masse dick wird und eine helle Farbe angenommen hat. Dann die Schokoladenmischung zugeben und kurz unterrühren.

3. Walnüsse, gemörserten Kardamom, Mehl, Backpulver und Salz zugeben und nur so lange unterrühren, bis alle Zutaten eben verteilt sind und der Teig eine gleichmäßige Konsistenz hat. Abgedeckt 2 Stunden im Kühlschrank kalt stellen.

4. Dann den Backofen auf 175 °C (Umluft 160 °C) vorheizen, ein Backblech mit Backpapier auslegen. Übrigen Zucker und den Puderzucker jeweils in ein Schüsselchen füllen. Mit einem Esslöffel walnussgroße Häufchen vom Teig abstechen und zu Kugeln rollen, dann zuerst im Zucker, danach im Puderzucker wälzen – die Kugeln sollen großzügig rundherum damit bedeckt sein. Mit etwa 5 cm Abstand auf das Backblech setzen. Im Ofen (Mitte) 12–14 Minuten backen.

5. Das Blech aus dem Ofen nehmen und die Cookies mit einem Gummispatel vorsichtig auf ein Kuchengitter setzen, vollständig auskühlen lassen. Bis zum Verschenken in luftdicht verschlossenen Behältern aufbewahren.

Varianten
Anstelle der Walnüsse kann man auch andere Nüsse, etwa Haselnüsse oder Mandeln, verwenden – die Cookies werden dann nur einen Tick süßer.
Ebenso lässt sich die Kardamomnote variieren: mit Zimt und gemahlenen Nelken wird es weihnachtlich. Und für die, die es gerne extravagant mögen: ein Hauch Chilipulver passt sehr gut zur dunklen Schokolade, die in dem Gebäck steckt.

Verpackung & Deko
Auch in einer simplen Pappschachtel kommen diese ausgefallenen Cookies zur Geltung. Ein Stück Pergamentpapier oder Zellophanfolie schützt die Schachtel vor Flecken und die Kekse vor schnellem Austrocknen.

OLIVENÖL-CRACKER

Haltbarkeit: luftdicht verpackt bis zu 2 Wochen
Für: einen gemütlichen Abend mit Käse und Wein, zum einfachen puren Knabbern und Dippen
oder als kleine Appetithäppchen belegt mit Pesto, Käse, Salami oder Antipasti

Zum Dippen sind diese schnell gemachten Cracker fast zu schade, dafür schmecken sie pur schon viel zu gut.

**Zubereitungszeit: 20 Minuten
(+ 13–15 Minuten Backen)
Ergibt: 20–30 Stück (je nach
Größe und Form)**

**1 Zweig Rosmarin
1 Knoblauchzehe
1 Stück Pecorino (am besten
    mittelalt, etwa 20 g)
125 g Mehl (Type 550, notfalls
    auch Type 450)
¼ TL feines Meersalz
25 g Olivenöl
etwa 50 g Sahne
flockiges Meersalz zum
    Bestreuen (z.B. Fleur de Sel
    oder Maldon)**

1. Backofen auf 200 °C (Umluft 180 °C) vorheizen. Den Rosmarin abbrausen und trocken schütteln, die Blättchen abstreifen und fein hacken. Den Knoblauch schälen und entweder sehr fein hacken oder durch eine Knoblauchpresse drücken. Den Käse fein reiben.

2. Der Teig lässt sich ganz schnell im Blitzhacker oder in der Küchenmaschine mit Schneideeinsatz, aber auch von Hand zubereiten.

   Mit Blitzhacker oder Küchenmaschine: Alle vorbereiteten Zutaten mit Mehl, feinem Salz und dem Olivenöl in das Gerät geben und mit der mehrfach kurz betätigten Pulse-Funktion zu einer lockeren, krümeligen Konsistenz vermixen. Sahne zugießen und so lange weitermixen (10–20 Sekunden), bis sich eine Teigkugel bildet. Ist der Teig zu trocken, noch 1 EL Sahne zugeben.

   Von Hand: Die vorbereiteten Zutaten mit Mehl und feinem Salz in einer Schüssel vermischen, dann das Olivenöl zugeben und alles zügig mit einer Gabel oder den Fingern zu kleinen Bröseln verarbeiten. Dann erst die Sahne zugeben und alles ganz schnell zu einer Teigkugel verkneten, da der Teig sonst zu warm und schmierig wird.

3. Den Teig mit den Händen flach drücken, zwischen zwei Bögen Backpapier legen und mit dem Nudelholz dünn ausrollen. Auf ein Backblech legen, den oberen Backpapierbogen abziehen.

4. Die Teigplatte mit einem Pizzaroller oder einem gewellten Teigrad in mundgerechte eckige Cracker teilen (siehe auch Tipp). Mit ein bisschen flockigem Salz bestreuen, in den Ofen (Mitte) schieben und 13–15 Minuten backen. Da die am Rand liegenden Cracker ein wenig schneller bräunen als die in der Mitte, diese mit einem Pfannenwender früher entnehmen. Die Cracker auf einem Kuchengitter auskühlen lassen und dann bis zum Verschenken in luftdicht verschlossenen Behältern aufbewahren.

Tipp
Die zugeschnittenen Teigstücke müssen vor dem Backen nicht mehr auf dem Blech auseinandergezogen werden, sie schrumpfen im heißen Ofen und backen nicht zusammen.

Varianten
Diese Cracker lassen sich ganz einfach in vielerlei Weise abwandeln. Hat man sie einmal zubereitet und kennt die Konsistenz des Teiges, kann man verschiedene Zutaten (in kleinen Mengen) unterkneten: andere gehackte Kräuter, sehr fein gehackte Oliven oder Chorizo, Mohn oder Gewürze.

Verpackung & Deko
Doppelt hält besser: Die leicht fettenden Cracker zu einem Stapel legen und zuerst in Butterbrotpapier, dann in Packpapier einwickeln.

SCHOKO-KNUSPER-GRANOLA

Haltbarkeit: luftdicht verpackt ein paar Wochen
Für: das gesunde Frühstück mit Milch oder über Naturjoghurt mit Früchten, als Mitbringsel für nette Kollegen, für den Knabberspaß zwischendurch

Sie sind nicht nur kinderleicht herzustellen, sie schmecken auch klasse: selbst gemachte Müsli-Mischungen. Dazu lassen sie sich ganz beliebig abwandeln ... und so schön verschenken. Am besten das Rezept gleich mit ans Präsent heften, denn dieses Knusper-Granola macht schnell süchtig!

Zubereitungszeit: 15 Minuten (+ 30–40 Minuten Backen)
Ergibt: etwa 750 g

100 g Zartbitterschokolade (50–55 % Kakao)
125 g dunkelbrauner Roh-Rohrzucker (z.B. Muscovado)
50 ml Sonnenblumenöl oder mildes Olivenöl
gut 3 EL Ahornsirup
500 g feine Haferflocken
50 g Rice Krispies oder Puffreis
50 g Kokosraspel
50 g Mandel- oder Haselnussblättchen
2–3 EL Kakaopulver
½ TL gemahlener Zimt
1 Prise feines Meersalz

1. Den Backofen auf 175 °C vorheizen. Ein Backblech (idealerweise mit hohem Rand) so mit Backpapier auslegen, dass an den Rändern jeweils noch etwas Papier übersteht. Die Schokolade hacken.

2. Den Zucker und ⅛ l Wasser in einem Topf unter Rühren aufkochen, bis sich der Zucker aufgelöst hat, dann vom Herd nehmen. Öl, Ahornsirup und die Schokolade unterrühren, bis sich diese vollständig aufgelöst hat.

3. Restliche Zutaten in einer Schüssel vermischen, die Schoko-Sirup-Mischung darübergeben und alles gut vermengen. Auf das Blech gießen, gleichmäßig verteilen und dann im Ofen (Mitte, Umluft 160 °C) 30–40 Minuten backen, bis das Granola knusprig und vollständig getrocknet ist. Dabei alle 10 Minuten Blech aus dem Ofen nehmen und das Granola durchrühren, damit es einheitlich trocknet.

4. Wenn das Granola knusprig ist, aus dem Backofen nehmen und auf dem Blech ganz auskühlen lassen. Das Granola bis zum Verschenken in luftdicht verschlossenen Behältern aufbewahren.

Tipp

Wer das Granola extra-schokoladig mag, mischt noch 50 g gehackte Zartbitterschokolade unter das abgekühlte Granola.

Varianten

Kerniges Schoko-Knusper-Granola – Dafür einfach noch 50 g Kürbis- oder Sonnenblumenkerne mit den Zutaten in der Schüssel vermischen.

Jeden-Tag-Granola – In einem Topf 150 ml naturtrüben Apfelsaft, 3 EL Roh-Rohrzucker (z.B. Muscovado), 75 g Honig und 1 EL Sonnenblumenöl oder mildes Olivenöl erhitzen, bis sich der Zucker aufgelöst hat, und vom Herd nehmen. 500 g kernige Haferflocken, 50 g Mandelblättchen, 50 g gehackte Pekannüsse, 25 g Kokosraspel, 25 g gehackte Haselnüsse, 2 EL Leinsamen, 2 EL geschälten Sesamsamen, 2 TL gemahlenen Zimt und ¼ TL feines Meersalz in einer Schüssel vermengen. Apfelsaftmischung darübergeben und alles gut durchrühren. Granola wie beschrieben auf dem Blech verteilen und im 160 °C heißen Backofen (Mitte, Umluft 140 °C) etwa 40 Minuten trocknen. Dabei keinesfalls zu dunkel werden lassen – das Granola schmeckt sonst bitter! Ganz auskühlen lassen, dann noch 75 g Trockenfrüchte (Cranberrys, Sultaninen, gehackte Mangos, Datteln oder Aprikosen, ...) untermengen. Luftdicht verpackt aufbewahren.

Verpackung & Deko

Altmodische Bonbon- oder Vorratsgläser eignen sich perfekt zum Verschenken von Granola, sie machen sich nicht nur hübsch in der Küche, sie sind auch noch praktisch.

BEEREN-FRIANDS MIT MOHN

Haltbarkeit: luftdicht verpackt ein paar Tage
Für: alle feinen Kuchenbüfetts und ausgefallenen Partys, ein Gedicht zu Kaffee und Tee,
echte Highlights für alle Muffin-Fans

Diese süßen Küchlein mit ihrem ausgeprägten Mandelgeschmack sind besonders populär in Australien und Neuseeland. Sie bieten eine wunderbare Möglichkeit, um übrig gebliebene Eiweiße aufzubrauchen. Traditionell werden die Friands in ovalen Förmchen gebacken – aber aus dem normalen Muffinblech schmecken sie genauso fein!

Zubereitungszeit: 30 Minuten
(+ 24–26 Minuten Backen)
Ergibt: 16–18 Stück

1 Bio-Zitrone
100 g Beeren (z.B. Himbeeren
 oder Brombeeren, ersatzweise
 aufgetaute TK-Beeren)
5 Eiweiß (L) oder 6 Eiweiß (M)
200 g Puderzucker
110 g weiche Butter
125 g gemahlene Mandeln
 (ohne Haut)
3 EL gemahlener Mohn
75 g Mehl
2–3 EL Mandelblättchen
12er-Muffinblech und dazu-
 passende Papierförmchen

1. Den Backofen auf 190 °C vorheizen. Die Mulden des Muffinblechs mit Papierförmchen auslegen (geht auch: Mulden mit Butter einfetten und bemehlen). Zitrone heiß waschen, abtrocknen und die Schale fein abreiben. Die Beeren verlesen und falls nötig abbrausen und trocken tupfen.

2. Eiweiße in eine große Schüssel geben und mit den Quirlen des Handrührgeräts aufschlagen, bis sie schaumig sind. 100 g Puderzucker esslöffelweise dazugeben und so lange weiterschlagen, bis sich weiche Spitzen bilden und die Eiweiße beginnen steif zu werden.

3. In einer zweiten Schüssel die Butter mit dem restlichen Puderzucker und der Zitronenschale mit den Quirlen des Handrührgeräts cremig rühren. Dann nacheinander Mandeln, Mohn und Mehl unterrühren (noch ist der Teig krümelig bis fest). Nun ein Drittel des Eischnees einrühren, bis der Teig etwas lockerer wird. Dann mit einem Schneebesen den Rest des Eischnees ganz behutsam unterheben – so wird der Teig schön luftig.

4. Die Mulden des Muffinblechs jeweils gut zur Hälfte mit Teig füllen. Dann noch je 2–3 Beeren hineindrücken und ein paar Mandelblättchen aufstreuen. Im Ofen (Mitte, Umluft 170 °C) 24–26 Minuten backen, die Friands sollten eine goldbraune Farbe angenommen haben und bei einem hineingestochenen Holzstäbchen darf kein Teig mehr haften bleiben.

5. Friands aus dem Ofen nehmen und noch einige Minuten in der Form ruhen lassen, dann auf einem Kuchengitter vollständig auskühlen lassen. Den restlichen Teig auf die gleiche Weise backen. Die Friands bis zum Verschenken in luftdicht verschlossenen Behältern aufbewahren.

Tipps

Durch die steif geschlagenen Eiweiße kommen Friands ganz ohne Backpulver aus und gehen trotzdem wunderbar auf – Voraussetzung ist ein vorsichtiges Unterheben des Eischnees, sodass der Teig schön luftig wird. Damit das auch so bleibt, kann die Menge der zugefügten Beeren nicht unbegrenzt gesteigert werden – der Teig wird sonst zu schwer und bleibt sitzen. Wer mag, kann trotzdem ¼ TL Backpulver unters Mehl mischen.
Für besonders dünne Friands die Formmulden einfetten, bemehlen und nur gut fingerhoch mit Teig befüllen – so sehen sie besonders putzig aus. Die Backzeit verkürzt sich dann um einige Minuten.
Fast ein Muss: Die Friands mit einem Hauch Puderzucker servieren.

Verpackung & Deko

Einige wenige Friands in einem Zellophantütchen sehen besonders elegant aus, wenn die Tüte mit etwas Spitze und einer Schleife verziert wird.

FRUCHTGELEE-ECKEN

Haltbarkeit: luftdicht verpackt im Kühlschrank ein paar Tage
Für: Naschkatzen und alle, denen es nicht süß genug sein kann, zum Schmücken von einer Geburtstagstorte oder klein geschnitten als Deko von Pralinen

Ein Fruchtgelee ganz ohne Gelatine oder andere Zusätze? Ja, das geht. Schlüssel ist der verwendete Zucker (1:1-Gelierzucker) und das längere Einkochen der Fruchtmasse. Das Ergebnis ist binnen weniger Stunden schnittfest und muss anschließend nur noch in Kristallzucker gewälzt werden – also bitte bloß keine Kalorien zählen. Manchmal darf's auch zuckersüß sein!

Zubereitungszeit: 45 Minuten
(+ mehrere Stunden Festwerden)
Ergibt: etwa 500 g

ein paar Tropfen neutral schmeckendes Öl
300 g Fruchtpüree (z. B. von TK-Beeren, frischen Aprikosen, Quitten, Kiwis, … – die entsprechende Rohmenge siehe rechts bei den Beispielen)
300–350 g Gelierzucker 1:1
2 EL frisch gepresster Zitronensaft
Kristallzucker (zum Wälzen)

1. Eine flache, rechteckige Back- oder Auflaufform (etwa 20 x 20 cm) mit Backpapier auslegen und mit dem Öl einpinseln. Die Ränder des Papiers nach außen überhängen lassen.

2. Die Fruchtgelee-Ecken lassen sich mit beinahe jeder Fruchtsorte zubereiten, die sich auch für die Konfitürenherstellung eignet. Hier die Zubereitung anhand von zwei Beispielen erklärt.

   Beispiel TK-Beeren: Rund ein Drittel mehr Beeren als Püree benötigt wird (also etwa 400 g) auftauen lassen. Die Beeren in einen großen Topf geben, erhitzen und mit einem Pürierstab fein zerkleinern. Dann mithilfe eines Schöpflöffelrückens durch ein feines Sieb streichen, das Püree (inklusive Saft) auffangen, die Kerne entsorgen. 300 g Püree abwiegen, wieder zurück in den Topf geben und mindestens die gleiche Menge Gelierzucker (besser 50 g zusätzlich) und Zitronensaft zugeben. Alles unter Rühren zum Kochen bringen und bei mittlerer Hitze mindestens 20 Minuten köcheln lassen, dabei stets umrühren, damit nichts am Boden ansetzt. Bei einer Gelierprobe (etwas aus dem Topf auf einen Teller träufeln) muss die Fruchtmasse sofort fest werden.

   Beispiel frische Kiwis: 4–5 Kiwis schälen, aus der Mitte die weißen Strünke herausschneiden. 300 g Kiwis abwiegen, klein schneiden und mit 300 g Gelierzucker und dem Zitronensaft in einem großen Topf unter Rühren zum Kochen bringen. Sobald die Früchte weich gekocht sind (nach 4–5 Minuten

ist das der Fall), mit einem Pürierstab direkt im Topf zerkleinern und dann noch ein paar Minuten weiter einkochen lassen, 20 Minuten sollten es insgesamt schon sein. Stetiges Umrühren und Gelierprobe nicht vergessen (siehe Beispiel TK-Beeren).

3. Den Topf vom Herd nehmen und die Fruchtmasse in die vorbereitete Form gießen, dann in mehreren Stunden fest werden lassen.

4. Erstarrtes Fruchtgelee aus der Form heben, Papier abziehen und das Gelee mit einem großen Messer in mundgerechte Stücke schneiden (etwa 2 x 2 cm). Das Messer dabei zwischendurch immer wieder mit einem feuchten Tuch säubern. Fruchtgelee-Ecken gründlich in dem Kristallzucker wälzen und bis zum Verschenken in luftdicht verschlossenen Behältern zwischen Wachspapier (Backpapier geht auch) im Kühlschrank aufbewahren.

Tipp

Aus dem erstarrten Gelee lassen sich auch kleine Herzen oder andere, nicht zu filigrane Formen mit leicht geölten Plätzchenausstechern ausstechen. Alle Geleereste dürfen dann gleich vernascht werden …

Verpackung & Deko

Die Fruchtgelee-Ecken lassen sich am besten in ein Glas stapeln. Umwickelt man sie vorher mit Pergamentpapier, kleben sie nicht aneinander.

TRÜFFEL

Haltbarkeit: luftdicht verpackt im Kühlschrank bis zu 10 Tagen
Für: wahre Genießer, als Abschlusshäppchen nach einem feinen mehrgängigen Menü,
zu Kaffee und Tee oder als Luxus-Betthupferl

Trüffel sind eine himmlische Spielwiese, sie lassen sich ganz wunderbar mit exotischen Gewürzen oder Tee aromatisieren. Verzichtet man außerdem auf einen Schokoladenüberzug, so gelingen selbst Pralinen-Anfängern richtig verführerische Exemplare. Hier ein Universal-Rezept zum Abwandeln:

**Zubereitungszeit: 30–45 Minuten
(+ 10 Minuten Durchziehen und
einige Stunden Kühlen)
Ergibt: etwa 20 Stück**

100 g Sahne
1 TL schwarze Teeblätter oder
    das Mark von 1 Vanilleschote
    oder **die fein abgeriebene Schale
    von 1 Bio-Orange**
**150 g Zartbitter- oder Vollmilch-
    schokolade (möglichst immer
    beste Qualität kaufen)**
1 TL Butter
**schwach entöltes Kakaopulver
    (zum Formen und Wälzen)**

1. Sahne mit Teeblättern, Vanillemark oder Orangenschale in einem Topf aufkochen. Dann vom Herd nehmen, umrühren und mindestens 10 Minuten ziehen lassen (die Sahne muss ein kräftiges Aroma erhalten, das später nicht verloren geht).

2. Die Schokolade fein hacken und mit der Butter in eine Metallschüssel geben. Kakaopulver in eine große Tasse oder kleine Schüssel füllen.

3. Sahne durch ein feines Sieb gießen und auffangen, die Aromazutaten im Sieb mit einem Löffelrücken ausdrücken. Für Zartbittertrüffel 75 g Sahne und für Vollmilchtrüffel 50 g abwiegen, dann über die Schokolade gießen. Die Metallschüssel über ein heißes Wasserbad setzen und die Schokolade in der Sahne langsam schmelzen, bis eine samtige Creme (Ganache) entstanden ist, dabei ab und zu mal umrühren. Darauf achten, dass kein Wasser in die Creme gelangt und sie auch nicht zu heiß wird (die Schokolade kann sonst klumpen). Sobald die Creme keine Stücke mehr enthält und glänzt, aus dem Bad nehmen und zu Kugeln oder Würfeln verarbeiten.

4. **Trüffelkugeln:** Die warme Creme etwas abkühlen lassen, dann abgedeckt in den Kühlschrank stellen. Sobald die Creme nach ein paar Stunden fest genug zum Formen ist, mit einem Teelöffel nach und nach kleine Portionen abstechen und diese zügig zwischen den mit Kakao bestäubten, kühlen Handflächen zu Kugeln rollen. Dann die Kugeln in Kakao wälzen, bis sie vollständig damit überzogen sind.

Trüffelwürfel: Eine flache, rechteckige Form (etwa 12 x 12 cm) mit Frischhaltefolie auskleiden und die warme Creme gut 1 cm hoch hineingießen. Abgedeckt im Kühlschrank fest werden lassen, dann mit einem Messer in nicht zu große Würfel schneiden, dabei das Messer immer wieder mal in lauwarmes Wasser tauchen. Die Würfel im Kakao wälzen, bis sie vollständig damit überzogen sind.

5. Die Trüffel vorsichtig in luftdicht schließende Behälter schichten und bis zum Verschenken im Kühlschrank aufbewahren.

Varianten

Chai-Tee-Trüffel – 1 TL schwarze Teeblätter, 1 TL Honig, 2 Nelken, 2 grüne Kardamomkapseln, ¼ TL Fenchelsamen, 2 Scheiben Ingwer, ½ Zimtstange, 1 Sternanis und 1 Prise frisch geriebene Muskatnuss in 100 g Sahne ziehen lassen. Dann wie beschrieben mit 150 g Vollmilchschokolade, 1 TL Butter und Kakaopulver zum Wälzen zu Trüffeln verarbeiten.
Edle Himbeerpuder-Trüffel – 2 TL Vanillezucker mit etwa 20 g gefriergetrockneten Himbeeren (siehe Bezugsquellen Seite 158) in einem Mörser zu feinem Puder mahlen und sieben. 75 g Sahne mit 2 TL des Himbeerpuders wie beschrieben ziehen lassen, aber nicht absieben. Dann mit 150 g Zartbitterschokolade und 1 TL Butter zu Trüffeln verarbeiten. Restliches Puder mit 1 TL Speisestärke mischen und die Trüffel darin wälzen.

Verpackung & Deko

Kleine Schachteln mit Deckel zum Verpacken von Schokoladentrüffeln lassen sich mit ein wenig Geschick und gemustertem Karton sogar selbst basteln (Vorlagen zum Download, siehe Seite 157). Stilvoll vollendet mit Seidenpapier und Schleife stellt diese Eigenkreation jede gekaufte Pralinenschachtel in den Schatten.

MOMO-KUGELN

Haltbarkeit: luftdicht verpackt ein paar Tage, im Kühlschrank bis zu 2 Wochen
Für: Fans von Mozartkugeln, besonders liebe Verwandte und natürlich auch alle anderen
Naschkatzen, zum Kaffee und Tee

Mozartkugeln mit Mokkageschmack – daraus entstand der kurze Name für diese Leckerei: »Momo-Kugeln«. Um sie herzustellen, ist zwar schon ein wenig Zeit, Geduld und Fingerfertigkeit in der Küche gefragt, dafür lassen sie allerdings das klassische Mozartkugel-Original mit Pistazien ziemlich blass aussehen.

**Zubereitungszeit: 45 Minuten
(+ Zeit zum Trocknen)
Ergibt: etwa 36 Stück**

**200 g Nugat
200 g Marzipanrohmasse
½ Vanilleschote (wer mag)
etwa 75 g Puderzucker
2 EL lösliches Kaffee- oder
Espressopulver
1 EL Kaffeelikör (z. B. Kahlúa)
oder kalter Espresso
150 g weiße Kuvertüre**

1. Das Nugat in 36 gleich große Würfel schneiden, dafür den Block zunächst längs in vier gleich dicke Streifen schneiden, dann jeden Streifen in neun Würfel teilen. Nugatwürfel mit den Fingern zügig zu Kugeln drücken – wird Nougat warm, ist es sehr schwer zu formen. Im Kühlschrank erstarren lassen.

2. Inzwischen die Marzipanhülle vorbereiten: Das Marzipan in grobe Scheiben schneiden. Nach Belieben die Vanilleschote längs halbieren und das Mark herauskratzen. Marzipan und eventuell das Vanillemark mit dem Puderzucker, Kaffee- oder Espressopulver und Likör oder Espresso zu einer geschmeidigen, formbaren Paste verkneten. Ist sie zu klebrig, noch etwas Puderzucker zugeben.

3. Die Marzipanpaste zu einer gleichmäßigen, etwa 4 cm dicken Rolle formen und in 36 gleich dicke Scheiben schneiden. Auf jede Scheibe eine Nugatkugel setzen und mit dem Marzipan umschließen, dann zwischen den Handflächen zu Kugeln rollen. Fertige Marzipan-Nugat-Kugeln zur Seite stellen.

4. Ein Backblech mit Backpapier auslegen. Jetzt die Kuvertüre temperieren. Das ist eine Kunst für sich und erfordert einiges an Erfahrung sowie Ausrüstung. Für den Hausgebrauch liefert diese Methode die besten Ergebnisse: Kuvertüre fein hacken und zwei Drittel davon in eine Metallschüssel geben. Über dem heißen Wasserbad langsam schmelzen, dabei die Kuvertüre nicht zu heiß werden oder mit Wasser in Berührung kommen lassen, sonst klumpt sie. Wenn die Kuverütre vollständig geschmolzen ist, die Schüssel vom Wasserbad nehmen und die restlichen Kuvertürestückchen unterrühren, bis diese sich ebenfalls vollständig aufgelöst haben.

5. Nun eine Marzipan-Nugat-Kugel nach der anderen mit einer Gabel in die Kuvertüre tauchen. Die überschüssige Kuvertüre gut abtropfen lassen und die Kugeln behutsam auf dem vorbereiteten Backpapier ablegen, in einem kühlen Raum trocknen lassen. Dann die Pralinen bis zum Verschenken in einem luftdicht verschlossenen Behälter aufbewahren.

Tipps

Beschleunigen lässt sich das Trocknen der Kuvertüre im Kühlschrank, allerdings sollten die Kugeln dann auch dort gelagert werden, da Temperaturschwankungen die Optik beeinträchtigen.
Besonders hübsch sehen die Momo-Kugeln aus, wenn man nach dem Trocknen noch geschmolzene Zartbitterkuvertüre in feinen Linien darüberlaufen lässt. Oder auch Glitterstaub oder gehackte Nüsse aufstreuen oder Blattgold auflegen.

Verpackung & Deko

Diese kleinen Kugeln sind eine fragile Angelegenheit, deshalb empfehlen sich kleine Pralinenförmchen aus Papier oder Alu für die Aufbewahrung. Im Fachhandel gibt es auch Pralinenschachteln, die diese kleinen Kunstwerke zur Geltung bringen.

JUST WANT TO
SAY:
- [ ] Thank You
- [x] Happy Birthday
- [ ] Sorry
- [ ] Thinkin' of ya
- [x] miss you
- [ ] congratulations
- [ ] I love you

KÜRBISKERNKONFEKT

Kürbiskernkugeln sind eine recht einfache Nascherei aus der Steiermark, bestehend aus Schokolade, Butter, Zucker und gemahlenen Kürbiskernen. Diese Variante mit ein wenig Whiskey-Sahne-Likör und zerkrümeltem Kuchen schmeckt da noch eine Ecke feiner – und trotzdem sind die kernigen Pralinen kein Hexenwerk und wirklich im Handumdrehen gemacht.

Haltbarkeit:
bis zu 2 Wochen
(im Kühlschrank)

Für:
Naschkatzen und
Schokoholics, zum
Tee und Kaffee

Zubereitungszeit: 45 Minuten
(+ Zeit zum Festwerden)
Ergibt: etwa 25 Stück

100 g Kürbiskerne
50 g Marmor- oder Nusskuchen (z. B. Reste
vom Vortag)
3 EL Whiskey-Sahne-Likör (z. B. Baileys)
100 g Zartbitterschokolade (50–60 % Kakao)

1. Die Kürbiskerne in einer Pfanne ohne Fett bei mittlerer Hitze rösten, bis sie leicht bräunen und anfangen zu springen. Abkühlen lassen, dann im elektrischen Blitzhacker fein mahlen.

2. Den Kuchen mit den Fingern in eine Schüssel bröseln, dann den Likör darübergießen. Die Hälfte der gemahlenen Kürbiskerne dazugeben und alles mit einer Gabel zu einer gleichmäßgen Masse vermengen.

3. Die Zartbitterschokolade fein hacken und in eine kleine Metallschüssel geben. Die Schüssel über ein heißes Wasserbad hängen, die Schokolade unter Rühren schmelzen. Schokolade zur Kürbiskern-Kuchen-Masse geben und unterrühren. Die übrigen Kürbiskerne in einen tiefen Teller oder eine kleine Schüssel füllen.

4. Nach und nach mit einem Teelöffel kleine Portionen von der weichen, aber formbaren Schoko-Kürbiskern-Masse abstechen und zwischen den Handflächen zu Kugeln rollen. Ist die Masse zu weich, einige Minuten kalt stellen.

5. Die Kugeln in den übrigen gemahlenen Kürbiskernen wälzen, in luftdicht schließende Behälter schichten. Bis zum Verschenken im Kühlschrank aufbewahren, dort werden die Kugeln auch fest.

Varianten

Hält man sich an das grundsätzliche Mengenverhältnis des Rezepts, kann man es nach Lust und Laune abwandeln. Die Kürbiskerne lassen sich etwa durch Hasel- oder Walnüsse ersetzen und anstelle von Kuchenresten dürfen es auch zerkrümelte Kekse sein (eventuell muss die zugegebene Menge Flüssigkeit ein wenig angepasst werden). Wer auf den Alkohol verzichten möchte, der ersetzt ihn zum Beispiel durch kalten Kaffee.

Verpackung & Deko

Ein bedrucktes Fertig-Backförmchen mit Seidenpapier auslegen und mit den Kugeln füllen. Dann das Förmchen in eine Zellophantüte stellen, die Enden der Tüte falten, mit einer heißen, dicken Nadel »lochen« und mit einer Schleife schließen.

KOKOS-KEKS-KUGELN

Noch eins ... und noch eins ... und noch eins! Weiße Schokolade, Kokosraspel und Rum – aus diesem harmonischen Trio lassen sich süchtig machende kleine Naschereien formen. Am allerbesten schmecken die Kugeln übrigens zum Nachmittagstee, leicht gekühlt frisch aus dem Kühlschrank. Aber wenn man zwischendurch ganz zufällig am Kühlschrank vorbeikommen sollte, darf man sich trotzdem eine genehmigen. Oder zwei? Oder drei?

**Zubereitungszeit: 30 Minuten
(+ Zeit zum Festwerden)
Ergibt: etwa 20 Stück**

**50 g Löffelbiskuits
1 EL Rum
150 g weiße Schokolade
50 g Sahne
30 g Kokosraspel**

1. Die Löffelbiskuits entweder in einen Gefrierbeutel stecken, verschließen und mit dem Nudelholz so lange bearbeiten, bis daraus feine Brösel geworden sind. Oder die Biskuits im elektrischen Blitzhacker fein mahlen. Biskuits in eine Schüssel füllen und den Rum darüberträufeln, verrühren.

2. Die Schokolade fein hacken und zusammen mit der Sahne in eine kleine Metallschüssel geben. Die Schüssel über ein heißes Wasserbad hängen und die Schokolade ganz langsam unter Rühren in der Sahne schmelzen.

3. Sobald sich Schokolade und Sahne zu einer samtigen Creme (Ganache) verbunden haben, über die Kekse geben und alles zu einer homogenen Masse verrühren. Abgedeckt im Kühlschrank mindestens 2 Stunden kühlen, bis die Masse fest ist und sich gut verarbeiten lässt.

4. Die Kokosraspel in einen tiefen Teller oder eine kleine Schüssel geben. Nach und nach mit einem Teelöffel kleine Portionen von der Schoko-Keks-Masse abstechen, zügig zwischen den Handflächen zu Kugeln formen und sofort in den Kokosraspeln wälzen, bis sie rundum damit bedeckt sind.

5. Die Kokos-Keks-Kugeln im Kühlschrank fest werden lassen. Dann in luftdicht schließende Behälter schichten und bis zum Verschenken im Kühlschrank aufbewahren.

Varianten
Anstelle der Löffelbiskuits auch mal mit anderen Keksen ausprobieren – besonders dunkle Oreo-Kekse (typische amerikanische Cookies, die es in der Spezialitäten-Abteilung von gut sortierten Supermärkten gibt, ohne Füllung verwenden) ergeben zusammen mit den Kokosraspeln eine tolle schwarz-weiß marmorierte Optik.

Verpackung & Deko
Pergament- oder Seidenpapier, welches zum Schutz der Pralinen verwendet wird, sieht in dieser Dose besonders hübsch aus, wenn es mit einer Musterschere ausgeschnitten wird.

Haltbarkeit:
bis zu 2 Wochen
(im Kühlschrank)

Für:
Naschkatzen und
Schokoholics, zum
Tee und Kaffee

24-STUNDEN-PICKLES AUS ROTEN ZWIEBELN

Haltbarkeit: ungeöffnet ein paar Monate im Kühlschrank, geöffnet ein paar Wochen
Für: die würzige Brotzeit im Biergarten, als Beilage beim Antipasti-Büfett oder als Zutat für hausgemachte Sandwiches und Burger, perfekt zu Käse und Wein

Früher wurden Gemüse & Co. mit Essig konserviert, um sie länger haltbar zu machen, heute bereitet man Pickles vor allem wegen ihres tollen Geschmacks zu. Ist das Glas einmal leer gegessen, den Sud keinesfalls wegschütten, er peppt jedes Dressing auf – unbedingt mal bei Kartoffelsalat ausprobieren!

**Zubereitungszeit: 20 Minuten
(+ 1 Tag Durchziehen)
Ergibt: etwa ½ l**

2–3 rote Zwiebeln (etwa 200 g)
bis zu ½ TL Chili-Flakes (wer mag)
1 TL schwarze Pfefferkörner
½ TL Koriandersamen
½ TL Kreuzkümmelsamen
2 Lorbeerblätter
½–1 Zimtstange
2 Nelken
150 ml Weißweinessig
75 g Zucker
1 TL feines Meersalz
Twist-off-Glas oder Einmachglas
   (mit säureresistentem Deckel,
   sterilisiert)

1. Zwiebeln schälen, längs halbieren und dann quer in ½ cm dicke Halbringe schneiden. Zusammen mit den Gewürzen möglichst dicht in das Glas schichten (dazu hilft es, das Glas zwischenzeitlich mit dem Deckel zu schließen und sanft zu schütteln). Das Glas sollte annähernd randvoll mit Zwiebeln und Gewürzen gefüllt sein, da sich das Volumen der Zwiebeln während des Einlegens verringert.

2. Den Essig mit 150 ml Wasser, Zucker und Salz aufkochen und über die Zwiebeln gießen – sie sollten alle bedeckt sein. Das Glas verschließen und leicht aufstoßen, damit etwaige Luftbläschen aus dem Sud entweichen können. Abkühlen lassen.

3. Dann die Pickles im Kühlschrank mindestens 24 Stunden durchziehen lassen (nach ein paar Tagen schmecken sie noch intensiver) und dort auch bis zum Verschenken aufbewahren.

Varianten

Eigene Kreationen – Die Möglichkeiten zur Abwandlung sind schier endlos. Für diese Art des Einmachens eignen sich viele Gemüsesorten, etwa Möhren, Radieschen, Fenchel, Rote Bete, Paprikaschoten und Blumenkohl. Man kann verschiedene Gemüse sogar innerhalb eines Glases miteinander kombinieren. Dabei ist nur wichtig, dass die verwendeten Gemüsesorten harmonieren. Besonders wasserhaltiges Gemüse wie Gurken sollte man erst mal einige Stunden eingesalzen ziehen lassen und dann sorgfältig spülen, bevor sie ins Glas gesteckt werden. Da das Auge natürlich mitisst, lohnt es sich immer, die verwendeten Gemüse in ansprechende Formen zu bringen und besonders gleichmäßige Scheiben, Julienne-Streifen oder Würfel zu produzieren. Zum Würzen der Pickles eignen sich außer den bereits aufgeführten Gewürzen auch Senf- und Pimentkörner, Sternanise, Kardamomkapseln, Sellerie- und Fenchelsamen, Knoblauchzehen, Zitronengras, Chilischoten und Ingwer – damit lässt sich für jeden Geschmack die richtige Würzmischung zusammenstellen.

Pickles mit hart gekochten Eiern – Eier (L) in etwa 10 Minuten hart kochen, abschrecken und schälen. Die Eier mit Gewürzen nach Wahl (siehe links und »eigene Kreationen«) in das Glas geben und mit dem Essigsud (Verhältnis siehe links) übergießen, bis die Eier vollständig bedeckt sind. Gut verschließen und mindestens 1 Tag im Kühlschrank durchziehen lassen. Gibt man zu den Eiern ein paar Scheiben oder Würfelchen rohe Rote Bete, dann werden sie leuchtend pink, mit einigen roten Zwiebelringen zartrosa. Haltbarkeit: ein paar Wochen im Kühlschrank.

Verpackung & Deko

Für die Pickles eignen sich große Einmachgläser, besonders dekorativ sind hier die inzwischen eher selten gewordenen Universalbügel und Einkochklammern sowie auch Bügelverschlüsse.

KRÄUTERZUCCHINI

Bei manchen Gemüsesorten bedarf es eigentlich nur der richtigen Zubereitungsart, und schon wird aus recht unscheinbaren Zucchini ein raffiniertes Antipasto. In dicke Scheiben geschnitten und im Backofen geröstet, dazu viele frische Kräuter und bestes Olivenöl – ein Gedicht. Da braucht es schon ein gehöriges Maß an Selbstbeherrschung, um nicht alles gleich aufzuessen!

Zubereitungszeit: 20 Minuten
(+ 25–30 Minuten Rösten)
Ergibt: etwa 400 ml

3 Zucchini (etwa 400 g)
1 TL Kreuzkümmelsamen
1–2 Prisen getrocknete Chili-Flakes
7 EL Olivenöl + Öl zum Aufgießen
1 Prise Zucker
frisch gemahlener schwarzer Pfeffer
feines Meersalz
1 kleine Schalotte
1 Knoblauchzehe (wer mag)
6–8 Stängel Basilikum, Minze und/oder Kori-andergrün (oder auch ein anderes Kraut)
Twist-off-Gläser oder Einmachgläser
    (sterilisiert)

1. Den Backofen auf 220 °C vorheizen, ein Backblech mit Backpapier auslegen. Zucchini waschen, putzen und in 1 cm dicke Scheiben schneiden. Den Kreuzkümmel zusammen mit 1 Prise Chili-Flakes fein mörsern.

2. Zucchinischeiben in eine Schüssel geben und mit 3 EL Olivenöl, gemörsertem Kreuzkümmel, Zucker, Pfeffer und Salz gut vermengen. Dann auf dem Blech auslegen und im Ofen (Mitte, Umluft 200 °C) 25–30 Minuten rösten, dabei die Scheiben etwa zur Halbzeit einmal wenden.

3. Die Schalotte und eventuell den Knoblauch schälen und sehr fein würfeln. Die Kräuter abbrausen und trocken schütteln, die Blättchen abzupfen und fein hacken. Alles mit 4 EL Olivenöl zu einer Marinade vermischen. Die Zucchini aus dem Ofen holen und sofort mit der Kräutermarinade vorsichtig vermengen, die Zucchinischeiben sollen ihre Form behalten. Mit Salz, Pfeffer und vielleicht noch etwas Chili abschmecken.

4. Die Zucchini in die Gläser geben und mit so viel Öl aufgießen, dass die Scheiben damit vollständig bedeckt sind, gut verschließen. Die Gläser leicht auf den Tisch stoßen, damit etwaige Luftbläschen aus dem Öl entweichen können. Bis zum Verschenken im Kühlschrank aufbewahren. (Wenn das Öl flockig wird, so mindert dies nicht die Qualität der Zucchini, bei Zimmertemperatur verflüssigt es sich schnell wieder.)

Varianten
Statt der Zucchini mal Auberginen, Pilze oder Artischocken rösten, marinieren und einlegen.

Verpackung & Deko
Wenn der Inhalt so lecker schmeckt, darf er auch mal ganz ohne originelle Verpackung verschenkt werden – begeistern wird er trotzdem!

KIMCHI

Dieser fermentierte, scharf gewürzte Kohl gehört in Korea wie Reis und Suppe zu fast jeder Mahlzeit – und er erfreut sich mittlerweile auch in Europa immer größerer Beliebtheit. Je nach Provinz und Familie gibt es unzählige Varianten dieser koreanischen Spezialität etwa mit Rettich, Gurken oder sogar Austern. Eins haben sie aber alle gemeinsam: Kimchi ist ausgesprochen gesund und vitaminreich. Unbedingt einmal mit gebratenem Reis auf den Tisch bringen!

Zubereitungszeit: 2 Stunden
(+ 1 Stunde Durchziehen und
1–3 Tage Fermentieren)
Ergibt: etwa ½ l

1 EL geschälte Sesamsamen
1 kleiner Chinakohl
1 Stück Rettich (etwa 150 g)
1 EL feines Meersalz
2–3 Knoblauchzehen
1 Stück Ingwer (3–4 cm) | 50 ml Reisessig
1–2 EL koreanisches Chilipulver
 (aus dem Asienladen)
1–2 TL Roh-Rohrzucker (z. B. Muscovado)
3–4 Frühlingszwiebeln
1–2 TL Fischsauce (wer mag)
Twist-off-Gläser (sterilisiert)

1. Den Sesam ohne Fett bei mittlerer Hitze in der Pfanne hellbraun anrösten, in eine große Schüssel umfüllen und zur Seite stellen.

2. Die äußeren Blätter des Chinakohls entfernen, dann den Kohl der Länge nach vierteln und den Strunk entfernen. Die Kohlviertel in 5 cm breite Streifen schneiden (es sollten 500 g sein) und in ein großes Sieb geben. Den Rettich schälen, grob raspeln (es sollten 100 g sein) und zum Kohl geben. Beides mit dem Salz vermengen und im Sieb 1 Stunde durchziehen und abtropfen lassen.

3. Den Knoblauch und den Ingwer schälen, fein reiben und zum Sesam geben. Essig, 1 EL Chilipulver und 1 TL Zucker ebenfalls dazugeben und alles zu einer Marinade vermischen. Frühlingszwiebeln waschen, die Wurzeln und dunkelgrünen Enden abschneiden, den Rest in fingerdicke Ringe schneiden, zur Marinade geben.

4. Den Kohl und Rettich im Sieb unter fließendem kalten Wasser sorgfältig durchspülen (sonst schmeckt das Kimchi später zu salzig), dann mit den Händen gut ausdrücken, um möglichst viel Flüssigkeit zu entfernen. Kohl und Rettich zur Marinade geben und alles vermischen. Kimchi mit Zucker, Chili und eventuell Fischsauce abschmecken. Abgedeckt 1–3 Tage fermentieren und Flüssigkeit ziehen lassen.

5. Dann das Kimchi dicht in die Gläser schichten, gut verschließen und bis zum Verschenken im Kühlschrank aufbewahren.

Verpackung & Deko
Das Etikett wird aus einer asiatischen Zeitung (Asienladen oder Bahnhofskiosk) ausgeschnitten, bedruckt (Rezeptname) und mit einem witzigen asiatischen Detail (hier kleine Holzstäbchen) verziert.

Haltbarkeit:
ein paar Wochen
(im Kühlschrank)

Für:
eine schnelle asiatische
Note, perfekt zu gebratenem Reis

FRISCHKÄSEBÄLLCHEN

Haltbarkeit: in Öl eingelegt im Kühlschrank bis zu 2 Wochen
Für: einen pikanten Käsegang statt des süßen Desserts, als feiner Antipasti- oder Mezze-Vorrat, als Brotaufstrich oder Zugabe zu Salaten

Selbst gemachte Frischkäsebällchen sind eine wahre Geheimwaffe im Kühlschrank – ob als Antipasto (unbedingt mit steirischem Kürbiskernöl probieren!), zu Salaten oder als Dessert. Am besten eignet sich dafür ein gehaltvoller, griechischer Sahnejoghurt, aber auch mit sahnigem Joghurt aus Schafs- oder Ziegenmilch erhält man ein wunderbares Ergebnis. Gewürze und Kräuter können ganz nach persönlichen Vorlieben zugegeben werden und bieten immer neue Abwandlungsmöglichkeiten.

**Zubereitungszeit: 30 Minuten
(+ 1–2 Tage Abtropfen und
2 Stunden Festwerden)
Ergibt: etwa ½ l (8–10 Stück)**

**400 g griechischer Sahnejoghurt
(10 % Fett)
½ TL feines Meersalz
2–3 Knoblauchzehen
1–2 Chilischoten (wer mag)
1 TL Pfefferkörner
Olivenöl zum Aufgießen
Twist-off- oder Einmachglas
(sterilisiert)**

1. Den Joghurt gut mit dem Salz verrühren. Ein ausreichend großes, feines Sieb mit einem Stück Küchenpapier (oder mit einem Mulltuch) auslegen. Das Sieb über eine große Schüssel hängen, dann den Joghurt hineingeben und glatt streichen. Joghurt mit Frischhaltefolie abdecken, kühl stellen und mindestens 1 Tag (besser 2 Tage) abtropfen lassen. Ein kalter Keller ist optimal, in den kühlen Monaten reicht es aber auch, wenn der Joghurt am gekippten Fenster steht, sonst in den Kühlschrank stellen. Der Abtropfvorgang lässt sich ein wenig beschleunigen, wenn man den Joghurt etwa alle 12 Stunden auf ein neues Stück Küchenpapier gibt. Der Käse ist fertig, wenn er etwa die Hälfte seines Ausgangsgewichtes verloren hat.

2. Dann den Frischkäse mit einem geölten Messer in kleine Portionen (20–25 g) teilen und zwischen leicht geölten Handflächen zu Kugeln rollen. Die Bällchen auf eine Platte legen und in 2 Stunden im Kühlschrank fest werden lassen.

3. Knoblauch schälen und fein schneiden, eventuell Chilischote(n) waschen. Mit den Käsebällchen und den Pfefferkörnern ins Glas schichten und mit dem Olivenöl bedecken, gut verschließen. Bis zum Verschenken im Kühlschrank aufbewahren. (Wenn das Öl flockig wird, so mindert dies nicht die Qualität der Käsebällchen, bei Zimmertemperatur verflüssigt es sich schnell wieder.)

Tipp
Werden diese Frischkäsebällchen ohne Salz zubereitet, eignen sie sich auch gut als süßer Dessert-Käse-Gang. Dazu träufelt man etwas (Thymian-)Honig über die Bällchen und bestreut sie mit gerösteten, gehackten Mandeln oder Wal-nüssen, Sesamsamen und/oder Kürbiskernen.

Variante
Bunte würzige Frischkäsebällchen – Wer mag, kann den Joghurt nicht nur mit Salz würzen, sondern nach Lust und Laune noch mit weiteren Aromazutaten: etwa frisch gemahlenem schwarzen Pfeffer, Chili- oder Paprikapulver, gemahlenem Kreuzkümmel oder Sumach, fein abgeriebener Bio-Zitronenschale, gehackten Kräutern, Nüssen, Chilischoten oder Knoblauch, Sesamsamen und vielem mehr. Alles aber unbedingt sehr sparsam dosieren, da der Joghurt bei der Zubereitung einiges an Wasser verliert, und sich dadurch die zugefügten Aromen noch verstärken. Nach dem Formen dann die Bällchen noch in den Gewürzen, Nüssen oder Kräutern wälzen, bis sie gleichmäßig damit überzogen sind.

Verpackung & Deko
Warum nicht einmal eine gefüllte Lunchbox verschenken? Mit Baguette ergeben diese Käsebällchen eine komplette Brotzeit für mehrere Personen.

Feine Sachen

Rillettes & Paté
Entenconfit
Caponata
Gebeizte Lachsforelle
Chutneys
Feigen-Kirsch-Confit
Frühstücksaufstriche
Früchtebrot
Mandelblätter
Schokocreme
Butterscotch-Sauce
Fudge & Karamellen

RILLETTES VOM SCHWEIN

Haltbarkeit: ungeöffnet ein paar Wochen im Kühlschrank, geöffnet ein paar Tage
Für: eine rustikale Brotzeit mit ofenfrischem knusprigem Bauernbrot und gut gekühltem Bier,
für herbstliche Picknickbrote und Stullen zur Wintersuppe

Diese kleinen Gläschen gefüllt mit Rillettes sind eine herzhafte Delikatesse, traditionell auch unter dem Namen Schmalzfleisch bekannt. Eine knusprige Scheibe Bauernbrot dazu, ein paar Cornichons und ein eiskaltes Bier – mehr braucht es nicht für eine zünftige Brotzeit.

**Zubereitungszeit: 45 Minuten
(+ 3–4 Stunden Garen)
Ergibt: 600–700 ml (abhängig
von der Fleischqualität)**

**750 g Schweineschulter
(mit Schwarte)
2 Knoblauchzehen
1 kleines Bund Thymian
300–400 g Schweineschmalz
1 TL schwarze Pfefferkörner
2 Lorbeerblätter
feines Meersalz
frisch gemahlener schwarzer
Pfeffer
frisch geriebene Muskatnuss
Twist-off-Gläser oder Einmachgläser (sterilisiert)**

1. Den Backofen auf 120 °C vorheizen. Die Schweineschulter samt Schwarte in 5–6 cm große Würfel schneiden. Die Knoblauchzehen schälen, Thymian abbrausen und trocken schütteln.

2. Das Schweineschmalz in einem großen Bräter zerlassen. Knoblauch und Thymian zusammen mit den Pfefferkörnern und den Lorbeerblättern unter das Schmalz rühren. Das Fleisch wenig salzen und möglichst in einer Schicht im Bräter verteilen. Die Fleischstücke sollten alle mit Schmalz bedeckt sein, sonst noch etwas Wasser (bis zu 100 ml) zugießen.

3. Den Bräter in den Ofen (Mitte, Umluft 120 °C) schieben und das Schweinefleisch etwa 3 Stunden garen lassen, dabei jede Stunde einmal wenden. Nach 3 Stunden sollten sich die Fleischwürfel leicht mit einer Gabel zerdrücken lassen, wenn nicht, noch 1 weitere Stunde im Ofen lassen.

4. Sobald das Fleisch zart und mürbe ist, den Bräter aus dem Ofen holen. Die Fleischwürfel mit einem Schaumlöffel aus dem Schmalz heben und auf ein großes Arbeitsbrett geben. Nicht gewünschtes Fett und die Schwarte entfernen, das Schweinefleisch mit einer Gabel zerdrücken. Das zerfaserte Fleisch in einer Schüssel sammeln (Fleischextrakt, der sich am Bräterrand gesammelt hat, sollte man abkratzen und ebenfalls zugeben).

5. Den restlichen Bräterinhalt durch ein feines Sieb gießen und das Schmalz auffangen. So viel Schmalz (etwa 200 ml) esslöffelweise unters Fleisch mengen, dass eine saftige Masse entsteht. Rillettes mit Salz, Pfeffer und Muskat abschmecken.

6. Die Gläser jeweils bis zur Hälfte mit Rillettes füllen und knapp mit Schmalz bedecken. Die Gläser vorsichtig auf den Tisch stoßen, um im Schmalz eingeschlossene Luftbläschen zu entfernen. Dann bis fingerbreit unter den Glasrand übriges Rillettes einschichten und mit dem restlichen Schmalz auffüllen – das Fleisch muss vollständig bedeckt sein. Die Gläser verschließen und bis zum Verschenken im Kühlschrank aufbewahren.

Variante

Für eine besondere Geschmacksnote das zerfaserte Fleisch in einem Topf mit ein paar Esslöffeln Portwein bei mittlerer Hitze ganz kurz erhitzen, bis die Flüssigkeit verdampft ist, dann wie beschrieben weiterverarbeiten.

Verpackung & Deko

Mini-Formen oder -Gefäße aus Porzellan oder Gusseisen lassen sich sehr gut als hochwertige Verpackung mitverschenken. Kleine Tafeln ergeben ausgefallene Etiketten.

rillettes
di
maiale

KALBSLEBER-PATÉ MIT APFEL

Haltbarkeit: ein paar Tage im Kühlschrank
Für: alle Feinschmecker und Brotzeit-Liebhaber, als köstlicher Aufstrich für Sandwiches, Tramezzini & Co.,
auf Weißbrotscheibchen als kleiner Start ins Menü oder als Beilage zum Salat

Damit macht man nicht nur jeden Feinschmecker glücklich: zur Paté ein knuspriges Bauernbrot und vielleicht noch ein schmelziger Weißwein (gut passen Grauburgunder oder Chardonnay) und der Abend kann kommen ...

Zubereitungszeit: 30 Minuten
(+ Zeit zum Festwerden)
Ergibt: 200–250 ml

5 Zweige Thymian
1 Schalotte
½ Apfel (z. B. Cox Orange, Elstar)
300 g Kalbsleber
50 g Butter
feines Meersalz
frisch gemahlener schwarzer
    Pfeffer
frisch geriebene Muskatnuss
2–3 EL Calvados
2 EL eiskalte Sahne
2 EL gehackte Haselnüsse
Porzellanförmchen (sterilisiert)

1. Den Thymian abbrausen und trocken schütteln, die Schalotte schälen und fein würfeln. Die Apfelhälfte halbieren, schälen, entkernen und in feine Würfel schneiden. Die Leber waschen und trocken tupfen, dann alle eventuell vorhandenen Sehnen entfernen und die Leber (es sollten 250 g sein) in etwa 5 cm große Stücke schneiden.

2. Die Hälfte der Butter zusammen mit den Thymianzweigen bei mittlerer Hitze in einer großen Pfanne aufschäumen lassen. Die Schalotte und den Apfel zugeben, leicht goldbraun anbraten und mit Salz, Pfeffer und Muskat würzen. Zum Schluss mit dem Calvados ablöschen.

3. Die Thymianzweige aus der Pfanne nehmen. Den restlichen Pfanneninhalt in eine Küchenmaschine mit Schneideeinsatz oder einen elektrischen Blitzhacker füllen, aber noch nicht zerkleinern.

4. Die Thymianzweige mit der übrigen Butter wieder in die Pfanne geben und erhitzen. Die Leberstücke dazugeben und bei mittlerer Hitze von jeder Seite gut 2–3 Minuten braten, sie sollten im Kern kaum mehr rosa sein (ein dickeres Stück zum Test anschneiden). Thymian entfernen, die Leber salzen, pfeffern und in die Küchenmaschine oder den Blitzhacker geben. Die Sahne zufügen, alles fein pürieren und abschmecken.

5. Die Paté in die Förmchen füllen. Die Oberfläche jeweils glatt streichen und dicht mit den Nüssen bestreuen, leicht festdrücken. Gut abdecken und im Kühlschrank fest werden lassen. Dort auch bis zum Verschenken aufbewahren.

Varianten

Paté de luxe – Dafür ersetzt man den Apfel durch 50–75 g Steinpilze oder einige frisch gehobelte Scheiben Trüffel und schmeckt die Paté statt mit Calvados mit Cognac ab.
Paté rustico – Die Kalbsleber gegen Schweineleber austauschen. Und zum Schluss noch 1–2 EL Speckwürfelchen knusprig auslassen und mit der Paté in die Förmchen füllen.

Tipp

Wer die Paté zum Schluss nicht mit gehackten Nüssen versiegeln möchte, verteilt 2 EL zerlassene Butter gleichmäßig auf der Oberfläche und lässt sie fest werden.

Verpackung & Deko

Manchmal bedarf es nur einer ausgefallenen extragroßen Schleife und ein gefülltes Porzellanförmchen sieht bereits perfekt verpackt aus.

ENTENKEULEN-CONFIT

Haltbarkeit: ungeöffnet ein paar Monate im Kühlschrank
Für: Freunde der französischen Küche, als Grundlage für Cassoulet oder Enten-Rillettes, als Beilage zu Knödeln und Rotkraut

Das Confieren nimmt zwar einige Zeit in Anspruch, aber wirklich schwierig ist es nicht, diesen französischen Klassiker zuzubereiten. Das butterzarte Entenfleisch des Confits entschädigt um ein Vielfaches.

Zubereitungszeit: 20 Minuten
(+ 1 Tag Durchziehen und
4–5 Stunden Garen)
Ergibt: ein 1-l-Glas

2 Entenkeulen (je 300–350 g)
feines Meersalz
frisch gemahlener schwarzer
**   Pfeffer**
4 Knoblauchzehen
3–5 Zweige Thymian
10 schwarze Pfefferkörner
2 Lorbeerblätter
etwa 500 g Entenschmalz (die
**   Menge ist abhängig von der**
**   verwendeten Form, ersatzweise**
**   Gänseschmalz, notfalls auch**
**   Schweineschmalz)**
Einmachglas (sterilisiert, eine gut
**   zu verschließende Keramikform**
**   geht ebenfalls)**

1. Die Entenkeulen unter fließendem kaltem Wasser waschen, trocken tupfen, großzügig mit Salz und Pfeffer einreiben und in eine flache Schale geben. 2 Knoblauchzehen schälen und in feine Scheiben schneiden, die Keulen damit belegen, abdecken. Keulen 1 Tag im Kühlschrank durchziehen lassen.

2. Dann Backofen auf 120 °C (hier Ober- und Unterhitze, keine Umluft nehmen) vorheizen. Die Keulen erneut abbrausen und gut abtrocknen. Thymian abbrausen und trocken schütteln, restlichen Knoblauch schälen. Alles mit Pfefferkörnern und Lorbeerblättern in eine nicht zu große ofenfeste Auflauf- oder Keramikform (Ersatz: ein Topf) geben.

3. Schmalz in einem Topf zerlassen. So viel davon über die Keulen gießen, dass sie komplett damit bedeckt sind – je dichter die Keulen liegen und je genauer die Form passt, desto weniger Schmalz ist nötig.

4. Die Form in den Ofen (Mitte) schieben und die Entenkeulen 4–5 Stunden ganz sanft garen. Dann das Fleisch mit einem kleinen Messer anstechen: Es ist fertig, wenn es vollkommen zart ist (wurden die Keulen zu lange in dem Fett gelassen, fällt das Fleisch »schlimmstenfalls« von den Knochen).

5. Die Keulen mit einem Schaumlöffel aus der Form heben und in das Glas geben. Das Schmalz durch ein feines Sieb gießen, auffangen und dann wieder über die Keulen gießen, sodass diese vollständig damit bedeckt sind – nur so sind sie konserviert.

6. Das Entenkeulen-Confit abkühlen lassen, gut verschließen und bis zum Verschenken im Kühlschrank aufbewahren.

Tipps

Durchziehen besonders praktisch – Dafür die gesalzenen und gepfefferten Entenkeulen mit den Knoblauchscheiben in einen Gefrierbeutel mit Zip-Verschluss geben und darin durchziehen lassen.
Confit im Einsatz – Confit aus dem Kühlschrank nehmen und in ein heißes Wasserbad stellen, bis das Fett weich wird, und man die Keulen ganz einfach entnehmen kann. Dann die Entenkeulen im 200 °C heißen Backofen (Mitte, Umluft 180 °C) in 10–15 Minuten erhitzen, dabei auch mal wenden, zum Schluss den Grill zuschalten und die Keulen rösten, bis sie knusprig sind. Servieren. Übrig geblieben Fett lässt sich sehr gut im Kühlschrank aufbewahren, es kann mehrfach zum Confieren verwendet werden (bis es zu salzig schmeckt).
Zerzupft man das fertig gegarte Entenfleisch in kleine Stücke, vermengt es mit etwas Entenschmalz und füllt es in Gläser, dann erhält man aromatische Enten-Rillettes (siehe auch Rillettes Seite 98).

Verpackung & Deko

Ist das Geschenk an sich nicht dekorativ (auch wenn der Inhalt unbeschreiblich schmeckt!), dann kann man mit einem witzig gestalteten Etikett (hier getupfter Karton in Entenform) davon ablenken.

CAPONATA SICILIANA

Haltbarkeit: im Kühlschrank bis zu 1 Woche
Für: das Antipasti-Büfett, zur mediterranen Brotzeit, auf knusprig gerösteten Crostini und zu gegrilltem Fleisch oder Fisch

Caponata ist eine wunderbare sizilianische Vorspeise, die eine Vielzahl an Aromen in sich vereint. Sie lässt sich leicht abwandeln und prima vorbereiten – ja sie wird sogar noch besser, je länger sie durchziehen kann.

Zubereitungszeit: 45 Minuten
Ergibt: 800–900 ml

1 große Aubergine (etwa 350 g)
4–6 EL Olivenöl
1 Zwiebel | 1 Knoblauchzehe
2 Sardellenfilets in Öl
1 kleiner Zucchino (etwa 120 g)
1 Stange Staudensellerie
1 gelbe oder orange Paprikaschote
50 g getrocknete Aprikosen
10 entsteinte grüne Oliven
1 EL Kapern
1 Dose Tomaten (400 g Inhalt)
2–3 EL Pinienkerne
1 EL hellbrauner Roh-Rohrzucker
    (z. B. Demerara)
2–3 EL Weißweinessig
frisch gemahlener schwarzer
    Pfeffer
feines Meersalz
ein paar Basilikumblätter
Twist-off-Gläser (sterilisiert)

1. Die Aubergine waschen, putzen und in 2 cm große Würfel schneiden. 2–3 EL Olivenöl in einer großen Pfanne erhitzen und die Auberginenwürfel darin bei mittlerer Hitze leicht bräunen. Aus der Pfanne nehmen und auf Küchenpapier abtropfen lassen.

2. Zwiebel schälen und grob würfeln, den Knoblauch schälen und fein hacken. Sardellenfilets ebenfalls fein hacken. Zucchino, Sellerie und die Paprikaschote waschen und putzen. Zucchino etwa 1 cm groß würfeln, den Sellerie in ½ cm dicke Scheiben schneiden, Paprika 2 cm groß würfeln. Aprikosen etwa 1 cm groß würfeln, die Oliven in grobe Ringe schneiden und die Kapern fein hacken. Stielansätze der Tomaten entfernen, Tomaten hacken.

3. Das restliche Olivenöl in der Pfanne erhitzen. Darin die Zwiebel bei mittlerer Hitze andünsten, dann Zucchino, Sellerie und Paprikaschote einige Minuten mitdünsten und zuletzt den Knoblauch zugeben. Mit den Dosentomaten samt dem Saft ablöschen und Aprikosen, Oliven, Sardellenfilets, Kapern und die Auberginenwürfel zugeben. Unter gelegentlichem Rühren 10–15 Minuten köcheln lassen, dabei eventuell die Hitze reduzieren.

4. Zum Schluss die Pinienkerne unterrühren und die Caponata mit Zucker, Essig, Pfeffer und Salz abschmecken. Die Basilikumblätter in feine Streifen schneiden und unter die Caponata rühren. In die Gläser abfüllen, gut verschließen und bis zum Verschenken im Kühlschrank aufbewahren.

Tipps

Zum Essen die Caponata unbedingt rechtzeitig aus dem Kühlschrank holen und Zimmertemperatur annehmen lassen. Nur so können sich die süßen und säuerlichen Aromen richtig entfalten.
Ein Gedicht – Wer einen alten, gereiften Aceto balsamico zu Hause hat, kann vor dem Servieren ein wenig davon über die Caponata träufeln.

Variante

Statt der Aprikosen passen auch gut Sultaninen in die Caponata. Wer die Trockenfrüchte nicht mag, der kann sie notfalls auch weglassen, allerdings verbinden sie sich ganz wunderbar mit den restlichen Zutaten, und selbst Leute, die Sultaninen überhaupt nicht mögen (ich spreche aus Erfahrung), nehmen sie nicht negativ wahr.

Verpackung & Deko

Schleife und Etikett in einem: Dazu einen Streifen aus einem gemusterter Baumwollstoff schneiden und mit dem Rezeptnamen bestempeln. Dazu genügt ein Stempelkissen aus dem Bastelbedarf, es ist keine Textilfarbe nötig.

GEBEIZTE LACHSFORELLE

Haltbarkeit: im Kühlschrank ein paar Tage
Für: festliche Anlässe aller Art, zu knusprigen goldbraunen Kartoffelrösti mit Crème fraîche, als feine kalte Vorspeise – am besten mit einem Glas Sekt oder Champagner

Hauchdünn aufgeschnittene, gebeizte Lachsforelle ist vielseitig, sie adelt ein Sonntagsfrühstück, passt perfekt zu einfachen Kartoffelrösti, genauso aber zu einem eleganten Dinner. Und Variationsmöglichkeiten zum Beizen der Filets gibt es einige!

Zubereitungszeit: 30 Minuten (+ 1–2 Tage Beizen)
Ergibt: 2 gebeizte Filets (für 4–6 Personen, als Vorspeise)

1 Bund Kräuter (z.B. Petersilie, Basilikum oder Dill)
1 Bio-Orange
1 Bio-Zitrone
2 ganz frische Lachsforellenfilets (mit Haut, je 200–250 g)
frisch gemahlener schwarzer Pfeffer
3 EL flockiges Meersalz (z.B. Fleur de Sel oder Maldon)
3 EL Zucker

1. Die Kräuter abbrausen und trocken schütteln, die Blättchen abzupfen und fein hacken. Orange und Zitrone heiß waschen und abtrocknen.

2. Die Fischfilets unter fließendem kaltem Wasser waschen und gründlich trocken tupfen. Die Filets mit den Fingern nach Gräten abtasten und diese mit einer Pinzette herausziehen (sitzen die Gräten sehr fest, kann man sie auch erst nach dem Beizen ziehen, da geht es meist leichter).

3. Zwei Lagen Frischhaltefolie (groß genug, um die beiden zusammengeklappten Filets mehrmals zu umwickeln) auf der Arbeitsfläche aufeinanderlegen. Darauf beide Filets mit der Hautseite nach unten so nah nebeneinander legen, dass man sie nach dem Würzen mit Hilfe der Folie wieder zu einem ganzen Fisch zusammenklappen kann.

4. Die Schale der Zitrusfrüchte fein über die Filets reiben, dann mit etwas Pfeffer würzen. Salz und Zucker vermischen und gleichmäßig über den beiden Filets verteilen. Zum Schluss die Kräuter darüberstreuen.

5. Die Filets mithilfe der Folie zusammenklappen und fest einwickeln. Um sicher zu gehen, dass im Kühlschrank keine Beizflüssigkeit ausläuft, entweder noch eine dritte Lage Folie um den Fisch wickeln, diesen gut in Zeitungspapier einschlagen, oder in eine große Schale legen.

6. Die eingewickelten Lachsforellenfilets in den Kühlschrank legen, dabei möglichst noch beschweren (ein Brettchen plus zwei große Dosen darauflegen) und 1–2 Tage beizen. Für ein gleichmäßiges Ergebnis den Fisch alle 12 Stunden umdrehen.

7. Sind die Filets fertig gebeizt, unter fließendem kaltem Wasser abspülen und trocken tupfen. Bis zum Verschenken in Folie gewickelt im Kühlschrank aufbewahren.

Varianten

Extravagant – Vanille harmoniert erstaunlich gut mit Fisch. Einfach das Mark von 1 Vanilleschote mit dem Zucker und dem Salz gut vermischen und den Fisch wie beschrieben beizen.

Leicht beschwipst – Sind die Filets fertig für das Zusammenklappen, noch ein paar Spritzer Wodka oder Cognac darüberträufeln.

Hübsch gefärbt – Vor dem Zusammenklappen ein Filet mit roher Roter Bete in dünnen Scheiben belegen. Der Fisch nimmt dann nicht nur etwas rote Farbe an, sondern auch das Aroma der Knollen.

Verpackung & Deko

Der sorgfältig in Folie gewickelte Fisch wird in Seidenpapier eingeschlagen. Dabei schiebt man noch ein Fischmotiv (z.B. Buchkopie) zwischen die Papierlagen, das dann durchs Papier scheint.

SPÄTSOMMER-CHUTNEY

Mit diesem Chutney im Kühlschrank kann man beinahe zaubern: Es ist sofort und zu jeder Tageszeit einsatzbereit, und es schenkt reichlich Zusatzaroma. Ein einfaches Sandwich erhält damit den richtigen Pfiff, und asiatische oder indische Gerichte bekommen damit das perfekte Finish. Aber auch Schweine- oder Hähnchenbrustfilet freuen sich über einen Klecks Spätsommer-Chutney. Es gibt fast nichts, wozu es nicht passt!

Zubereitungszeit: 20 Minuten
(+ 25–30 Minuten Kochen)
Ergibt: etwa ½ l

250 g gelbe Kirschtomaten
2 Nektarinen
100 g getrocknete Aprikosen
1 Schalotte
1 Knoblauchzehe
½–1 große rote Chilischote
150 g Zucker
150 ml Weißweinessig
1 Prise feines Meersalz
1 Sternanis
1 TL Schwarzkümmel
Twist-off-Gläser (sterilisiert)

1. Die Tomaten waschen und vierteln. Nektarinen vierteln, entkernen, schälen und das Fruchtfleisch (es sollten 150 g sein) wie die Aprikosen klein würfeln. Schalotte und Knoblauch schälen, fein würfeln. Chilis waschen, entstielen, fein hacken.

2. Alle Zutaten (bis auf den Schwarzkümmel) in einen großen Topf geben und bei mittlerer Hitze unter gelegentlichem Umrühren in 25–30 Minuten einkochen lassen. Dabei ab und zu probieren und den Sternanis entfernen, wenn sein Aroma zu kräftig werden sollte.

3. Wenn das Chutney vollständig eingedickt ist (also dickflüssig und zäh ist), noch den Schwarzkümmel unterrühren. Das Chutney in die Gläser füllen, gut verschließen und bis zum Verschenken an einem dunklen, kühlen Ort aufbewahren.

Tipps
Ein Chutney zeichnet sich durch seine perfekte Balance von Süße und Säure aus. Dies sollte man bei der Auswahl der Zutaten beachten und am besten sowohl süße Früchte als auch einen säuerlichen Gegenpol zusammen verarbeiten.
Das Spätsommer-Chutney lässt sich übrigens statt mit weißem Zucker auch mit braunem Zucker oder dunkelbraunem Roh-Rohrzucker (z. B. Muscovado) zubereiten, dieser sorgt allerdings nicht nur für eine malzige Karamellnote, sondern auch für eine etwas dunklere Farbe.

Verpackung & Deko
Im Ausland und auf Flohmärkten findet man weniger gängige Einmachgläser. Diese sind zwar meist nicht zum richtigen Einmachen geeignet, hat man sie aber sterilisiert, hält sich der Inhalt darin einige Wochen (im Kühlschrank).

PFLAUMEN-CRANBERRY-CHUTNEY

Mit seiner speziellen Gewürznote passt dieses Chutney besonders gut zu Geflügel aller Art, aber auch der sonntägliche Rinder- oder Lammbraten bekommt damit ein neues Gesicht. Sogar ein typisches Reste-essen wird mit ein bisschen Pflaumen-Cranberry-Chutney schlichtweg unwiderstehlich: Einfach die Über-bleibsel vom Brathähnchen zwischen zwei Scheiben goldbraun getoastetes Baguette packen, die man zuvor mit dem Chutney bestrichen hat. So gut!

Zubereitungszeit: 20 Minuten
(+ 30 Minuten Kochen)
Ergibt: etwa 600 ml

500 g blaue oder rote Pflaumen
1 große rote Zwiebel
½–1 große rote Chilischote
50 g getrocknete Cranberrys
150 ml Weißweinessig
75 g weißer oder brauner Zucker
2 EL Vanillezucker
3 Nelken
½ TL gemahlener Zimt
Twist-off-Gläser (sterilisiert)

1. Die Pflaumen waschen, halbieren, entkernen und in 1 cm große Würfel schneiden (es sollten 450 g sein). Die Zwiebel schälen, der Länge nach halbieren und in feine Halbringe schneiden. Die Chilischote waschen, entstielen und fein hacken.

2. Alle Zutaten in einen großen Topf geben und bei mittlerer Hitze in etwa 30 Minuten einkochen lassen. Dabei öfter umrühren und darauf achten, dass nichts am Topfboden ansetzt. Vor allem zum Ende hin dickt das Chutney recht stark ein.

3. Wenn das Chutney vollständig eingedickt ist (also dickflüssig und zäh ist), in die Gläser füllen, gut verschließen und bis zum Verschenken an einem dunklen, kühlen Ort aufbewahren.

Varianten

Die Früchte für das Chutney können nach Lust und Laune variiert werden. Besonders gut mit den verwendeten Gewürzen harmonieren etwa frische Feigen, Äpfel oder Birnen sowie getrock-nete Datteln, Sultaninen oder Dörrpflaumen. **Wer ein weihnachtliches Aroma wünscht,** kann anstelle der Nelken und des Zimts auch 1–2 TL Lebkuchengewürz unter das Chutney rühren.

Verpackung & Deko

Sogar aus einer alten, abgewetzten Jeans kann noch eine ausgefallene Verpackung ge-bastelt werden. Schleife drum, eine Rose aus Filz dran – fertig!

Haltbarkeit:
einige Monate (kühl, dunkel), geöffnet ein paar Wochen (im Kühlschrank)

Für:
Fleisch- und Geflügel-gerichte

PFLAUMEN-CRANBERRY-CHUTNEY 8/2011

FEIGEN-KIRSCH-CONFIT MIT ROSMARIN

Haltbarkeit: im Kühlschrank bis zu 2 Wochen
Für: eine extravagante Käseplatte, raffiniert zu Schweinefilet und Lammfleisch, perfekt als Sandwich-Aufstrich

Während man früher einen Käse-teller nur mit ein paar Weintrauben oder Nüssen servierte, biegen sich die Regale der Feinkostläden mittler-weile unter der Menge an angebo-tenen Marmeladen oder würzigen Gelees, die speziell zum Käse ge-reicht werden können. Dabei sind diese kleinen Köstlichkeiten so ein-fach und schnell selbst zubereitet.

Zubereitungszeit: 30–40 Minuten
Ergibt: 400–500 ml

1 Zweig Rosmarin
1 rote Zwiebel | 800 g Feigen
1 EL Olivenöl
100 g getrocknete (Sauer-)Kirschen
50 g dunkelbrauner Roh-Rohr-
    zucker (z. B. Muscovado)
150 ml Portwein
frisch gepresster Saft von
    ½ Zitrone
2–3 EL Aceto balsamico (je älter,
    desto besser)
1 EL Honig | feines Meersalz
frisch gemahlener schwarzer
    Pfeffer
Twist-off-Gläser (sterilisiert)

1. Den Rosmarinzweig abbrausen und trocken tupfen. Die Zwiebel schälen, der Länge nach halbieren und in dünne Halbringe schneiden. Feigen möglichst dünn schälen und dann grob würfeln (es sollten 500 g sein).

2. Das Olivenöl in einem großen Topf erhitzen. Die Zwiebelringe dazugeben und bei mittlerer Hitze einige Minuten andünsten (die Zwiebeln sollen gerade beginnen, etwas Farbe anzunehmen). Den Rosmarinzweig, die Feigen, die Kirschen und den Zucker sowie den Portwein zugeben und unter ge-legentlichem Rühren 10 Minuten köcheln lassen.

3. Den Rosmarinzweig entfernen und Zitronensaft, Balsamico und Honig unterrühren. Mit Salz und Pfeffer würzig abschmecken. Dann alles so lange weiter einkochen lassen, bis das Confit eine dicke, sämige Konsistenz aufweist.

4. Das Feigen-Kirsch-Confit in die Gläser abfüllen, gut verschließen. Bis zum Verschenken im Kühl-schrank aufbewahren.

Varianten

Dieses Rezept lässt sich wunderbar an die Jahres-zeiten anpassen. Als Hauptzutat eignen sich je nach Saison anstelle der Feigen etwa jede Art von Zwiebeln, Paprikaschoten, Kürbis oder Tomaten. Die getrockneten Kirschen können zum Beispiel durch Dörrpflaumen oder jede andere harmonie-rende Art von Trockenfrüchten ersetzt werden. Und auch beim Alkohol sind der Fantasie keine Grenzen gesetzt. Statt des Portweins sind Rot- oder Weißwein, Sauternes, Vin Santo oder Marsala eine gute Alternative. Und der Rosmarin kann gegen ein paar Zweige Thymian ausgetauscht werden.

Tipp

Am besten verschenkt man mit dem fruchtigen Confit gleich ein Stück Käse, eine gute Wahl wäre beispielsweise ein Valençay (Ziegenkäse) oder ein nicht zu alter Pecorino.

Verpackung & Deko

Wem der Sinn nach Basteln steht, der darf gerne aus dem Vollen schöpfen: Durch die kleinen Löcher einer Papier-Tortenspitze ein hübsches feines Band ziehen und schon wird daraus eine Deckelhaube. Dazu kommt noch ein Etikett, das man mit einem Kirschmotiv bestickt. Und auch ein Rosmarinzweig macht sich dekorativ am Glas. Passend zur Optik wird zum Schluss der zum Confit gekaufte Käse in weißes Pergamentpapier eingeschlagen.

ZITRONEN-BROMBEER-CURD

Dies ist eine typisch britische Alternative zu Marmelade, Konfitüre und Gelee – und richtig fein. Probieren lohnt sich also!

Zubereitungszeit: 30 Minuten
Ergibt: etwa 300 ml

75 g Brombeeren (ersatzweise aufgetaute TK-Beeren)
50 ml frisch gepresster Zitronensaft | 2 Eier (L) oder 4 Eigelb (L)
75 g Zucker | 50 g Butter | Twist-off-Gläser (sterilisiert)

1. Die Brombeeren verlesen, abbrausen und trocken tupfen. Mit Zitronensaft in einem kleinen Topf erhitzen und die Beeren mit einer Gabel fein zerdrücken. Das Fruchtpüree durch ein feines Sieb gießen, den ablaufenden Saft auffangen und 75 ml abmessen. (Wer keinerlei Schalenreste im Curd haben möchte, legt das Sieb vorher noch mit einem Mulltuch aus.)

2. Saft, Eier oder Eigelbe und Zucker in eine große Metallschüssel geben und über einem heißen Wasserbad mit einem Schneebesen verrühren (nicht schaumig werden lassen!), bis sich der Zucker aufgelöst hat.

3. Die Butter in Stückchen zugeben und jetzt mit einem Gummispatel ununterbrochen weiterrühren (und die Schüsselwand immer wieder sorgfältig abstreichen), bis die Fruchtbutter beginnt einzudicken – was durchaus 6–10 Minuten dauern kann, dann aber plötzlich ganz schnell geht. Die richtige Konsistenz ist vergleichbar mit der einer heißen Puddingcreme. Sollten kleine ausgeflockte Eierstückchen in der Fruchtbutter sein, einfach durch ein Sieb gießen (beim nächsten Mal die Temperatur ein wenig reduzieren). Curd in die Gläser füllen, gut verschließen und bis zum Verschenken im Kühlschrank aufbewahren.

Varianten: Statt des Zitronensafts mal Orangen-, Mandarinen- oder Passionsfruchtsaft (der sieht auch mitsamt den Kernen toll aus!) probieren. Und wer möchte, kann die Brombeeren durch Himbeeren oder Johannisbeeren ersetzen.

Haltbarkeit:
bis zu 2 Wochen
(im Kühlschrank)
Für:
ein Luxus-Frühstück,
zu Scones und
Toast

KAYA – KOKOS-EIER-CREME

Diese wunderbar samtige, goldfarbene Creme gehört in Malaysia und Singapur zum traditionellen Frühstück. Sie wird mit einer großzügigen Lage Butter zwischen zwei getoastete Scheiben Weißbrot gestrichen – und schon ist man im siebten Himmel für Naschkatzen.

Zubereitungszeit: 45 Minuten
(+ 30 Minuten Durchziehen)
Ergibt: etwa 400 ml

3–4 Pandanblätter (aus dem Asienladen)
¼ l Kokosmilch (möglichst dickflüssig)
3 Eier (L) | 2 Eigelb (L)
200 g Zucker | 1 Prise Salz
Twist-off-Gläser (sterilisiert)

1. Die Pandanblätter abbrausen und trocken tupfen, mit einem Messer oder einer Küchenschere in grobe Stücke schneiden (etwa 5 cm) und in einen kleinen Topf geben. Die Kokosmilch aufschütteln und über die Pandanblätter gießen, umrühren und erhitzen. Sobald die Milch anfängt zu köcheln, vom Herd nehmen und etwa 30 Minuten ziehen lassen.

2. Dann die Eier und Eigelbe in eine große Metallschüssel geben und kurz mit einer Gabel verrühren, ohne dass sie schaumig werden. Zucker und Salz zugeben. Die Kokosmilch durch ein Sieb ebenfalls zu der Eiermasse gießen, dabei die Pandanblätter im Sieb so gut wie möglich mit einem Löffelrücken ausdrücken.

3. Die Metallschüssel über ein heißes Wasserbad setzen und die Eiermilch langsam erhitzen. Dabei ununterbrochen mit einem Gummispatel rühren, damit die Milch nicht versehentlich am Schüsselboden stockt. Dies dauert in der Regel 20–30 Minuten, dann ist die Kokos-Eier-Creme merklich eingedickt und wunderbar samtig.

4. Die Kaya in die Gläser füllen, gut verschließen und bis zum Verschenken im Kühlschrank aufbewahren. Die Creme dickt beim Abkühlen noch etwas ein, ist dann also wunderbar streichfähig.

Verpackung & Deko
Eignet sich besonders für
Gläser, deren Deckel einen
kleinen Durchmesser haben
(weniger als 7 cm): Bunte
Muffinspapierförmchen ein
wenig glatt streichen, mittig
auf den Deckeln platzieren
und dann mit einem Küchengarn oder bunten Schmuck-
bändern festbinden.

FRÜCHTEBROT DE LUXE

Haltbarkeit: kühl und luftdicht verpackt 1–2 Wochen
Für: einen weihnachtlichen Geschenkekorb, als süßer Snack zwischendurch, schmeckt mit Butter und Honig oder Konfitüre, passt aber auch toll zu einer pikanten Käseplatte

Wen ein Früchtebrot bisher kalt gelassen hat, der sollte dieses Rezept mal versuchen – es kommt ganz ohne Orangeat und Zitronat aus und schmeckt himmlisch!

Zubereitungszeit: 1 Stunde
(+ 4–12 Stunden Durchziehen,
1 ¾ –2 ¼ Stunden Gehen und
40–50 Minuten Backen)
Ergibt: 2 Stück

½ l Apfelsaft
100 g getrocknete Birnen
75 g Dörrpflaumen
75 g getrocknete Feigen
50 g getrocknete Aprikosen
50 g Sultaninen
1 Bio-Zitrone | 4 Nelken
3 EL Vanillezucker
1 EL schwach entöltes Kakaopulver
½ TL gemahlener Zimt
frisch geriebene Muskatnuss
1 Prise feines Meersalz
325 g Weizenvollkornmehl
    Type 1050 (+ etwas mehr zum
    Arbeiten)
100 g Roggenvollkornmehl
    Type 1150
½ Würfel Hefe (20 g)
50 g Haselnüsse

1. Apfelsaft in einem Topf erhitzen, er braucht aber nicht zu kochen. Trockenobst zugeben, Topf vom Herd nehmen und das Obst abgedeckt mindestens etwa 4 Stunden, maximal über Nacht ziehen lassen (siehe Tipp). Danach die Früchte in ein Sieb geben und gut abtropfen lassen, dabei den gesamten Sud auffangen und beiseitestellen. Früchte grob würfeln, dabei eventuell vorhandene Stielansätze entfernen.

2. Zitrone heiß waschen und abtrocknen, Schale fein in eine große Schüssel reiben. Nelken im Mörser fein mahlen und mit Vanillezucker, Kakao, Zimt, Muskat und Salz in die Schüssel geben, alles vermischen. 250 g Weizenmehl und das Roggenmehl in die Schüssel geben, in der Mitte eine Mulde formen und die Hefe hineinkrümeln, mit 4 EL Fruchtsud verrühren. Vorteig 15 Minuten zugedeckt an einem warmen Ort gehen lassen, bis er blasig wird.

3. Alles mit den Knethaken des Handrührgeräts (noch besser: die Küchenmaschine nehmen) verkneten, dabei in kleinen Mengen so viel Fruchtsud zugießen (insgesamt 150–200 ml, Rest aufheben), bis ein geschmeidiger Teig entstanden ist, der sich von der Schüssel löst. Nun Nüsse und Trockenfrüchte zugeben und unbeirrt weiterkneten, auch wenn es eine recht klebrige Angelegenheit ist. Es dauert ein paar Minuten, bis sich Teig und Früchte richtig verbinden. Dann esslöffelweise das übrige Weizenmehl zugeben (insgesamt 50–75 g), bis der Teig kaum mehr klebt und sich zur Kugel formen lässt. Zugedeckt etwa 1–1 ½ Stunden gehen lassen.

4. Ein Backblech mit Backpapier auslegen, die Arbeitsfläche bemehlen. Teig halbieren, mit Mehl bestäuben und die Hälften zu länglichen Brotlaiben formen. Beide Laibe mit deutlichem Abstand aufs Blech setzen, dabei die Seite mit den wenigsten Unebenheiten oder Rissen nach oben platzieren. Leicht bemehlen, abgedeckt gut 30 Minuten gehen lassen.

5. Den Backofen auf 190 °C vorheizen. Die Brote in den Ofen (Mitte, Umluft 170 °C) schieben und 40–50 Minuten backen, sie sollen nicht zu dunkel werden (notfalls mit Backpapier abdecken). Aus dem Ofen nehmen, mehrmals mit dem restlichen Fruchtsud einpinseln und vollständig auskühlen lassen. Dann stramm mehrfach in Frischhaltefolie wickeln und bis zum Verschenken kühl lagern.

Tipp
Die Dauer des Ziehenlassens der Trockenfrüchte entscheidet über die spätere Konsistenz des Brotes. Sind die Früchte danach noch relativ fest, enthält das fertige Brot mehr ganze Fruchtstücke, sind die Früchte dagegen sehr weich, dann verbinden sie sich beim Kneten fast vollständig mit dem Teig.

Varianten
Der Apfelsaft lässt sich gut durch Trauben- oder Birnensaft ersetzen oder auch zu einem Drittel durch Portwein, dann sollte man allerdings mit etwas Zucker nachsüßen.

Verpackung & Deko
Ein klassisches Leinentuch oder ein gemustertes Geschirrtuch sind nicht nur hübsch als Verpackung, sondern auch noch nützlich, wenn das Früchtebrot aufgegessen ist. Wurde das Brot mit dem Fruchtsud eingepinselt, muss es in Folie gewickelt werden, bevor es ins Tuch gehüllt wird.

KNUSPRIGE MANDELBLÄTTER

Haltbarkeit: luftdicht verpackt bis zu 2 Wochen
Für: besonders süße Momente, einfach pur zu Kaffee und Tee oder als zartes
Knuspergebäck zu Eiscreme und Sorbets

Manche Rezepte sind so gut, dass sie kaum verbessert werden können. Dieses Rezept stammt im Original von der amerikanischen Kochbuchautorin Flo Braker, wurde dann aufgegriffen von Patissier und Kochbuchautor David Lebovitz, bevor es schließlich in meiner Küche landete. Und beide Autoren haben nicht zu viel versprochen – diese Mandelblätter schmecken einzigartig.

**Zubereitungszeit: 45 Minuten
(+ über Nacht Festwerden und
26–32 Minuten Backen)
Ergibt: 60–80 Stück**

115 g Butter
300 g hellbrauner Roh-Rohrzucker (z. B. Demerara)
1 TL gemahlener Zimt
1 Prise feines Meersalz
325 g Mehl
¼ TL Natron
85 g Mandelblättchen

1. In einem großen Topf die Butter mit Zucker, Zimt, Salz und 75 ml Wasser unter Rühren erhitzen, bis die Butter vollständig geschmolzen ist, sich der größte Teil des Zuckers aber noch nicht aufgelöst hat. Vom Herd nehmen und Mehl, Natron und die Mandeln mit einem Kochlöffel unterrühren, bis alles gut vermengt ist.

2. Eine rechteckige Back- oder Auflaufform (etwa 12 x 23 cm) glatt mit Frischhaltefolie auskleiden. Den Teig in die vorbereitete Form füllen und die Oberfläche glatt streichen. Über Nacht im Kühlschrank fest werden lassen, dabei abdecken.

3. Am nächsten Tag den Backofen auf 160 °C (Umluft 140 °C) vorheizen, ein Backblech mit Backpapier auslegen. Den Teigblock aus der Form heben und die Folie abziehen. Teig mit einem großen Messer in möglichst dünne und gleichmäßige Scheiben schneiden. Je dünner einem die Scheiben gelingen, umso knuspriger wird das Mandelgebäck (und umso kürzer ist die Backzeit).

4. Nach und nach die fragilen Teigscheiben mit ein wenig Abstand auf das Backblech legen und im Ofen (Mitte) 13–16 Minuten backen – die Unterseite der Kekse sollte eine goldbraune Farbe angenommen haben. Das Blech aus dem Ofen holen, die Kekse wenden und noch mal 13–16 Minuten backen, bis sie knusprig und goldbraun sind.

5. Die Mandelblätter aus dem Ofen nehmen und auf einem Kuchengitter vollständig auskühlen lassen. In einem luftdicht verschlossenen Behälter bis zum Verschenken aufbewahren.

Tipp
Der rohe Teigblock hält sich – stramm in die Folie gewickelt – bis zu 1 Woche im Kühlschrank, im Gefrierfach sogar bis zu 2 Monaten. Man kann also recht spontan für Nachschub sorgen.

Varianten
Ein großer Eisbecher mit Schlagsahne und dazu diese Mandelblätter, eine himmlische Kombi! Nur Schokolade kann dies noch verfeinern: Dazu entweder die gebackenen Mandelblätter zur Hälfte in geschmolzene Vollmilch- oder Zartbitterschokolade tauchen, überschüssige Schokolade abstreifen und die Kekse trocknen lassen. Oder geschmolzene Schokolade in einen Gefrierbeutel füllen, an einer Ecke ein kleines Stück abschneiden und die Blätter mit dünnen Schokolinien verzieren.

Verpackung & Deko
Jemand sammelt alte Teetassen vom Flohmarkt? Sie eignen sich wunderbar als Behälter für dieses unwiderstehliche Teegebäck sowie auch andere kleine Süßigkeiten.

HASELNUSS-SCHOKOLADEN-CREME

Mit gerade mal vier Zutaten kann man eine Haselnuss-Schoko-Creme zubereiten, die geschmacklich jedem Vergleich mit gekauften Schokoladenaufstrichen standhält. Und zwar ganz ohne Emulgatoren, Zucker oder Aromazusätze! Und erst der fantastische Duft, der sich in der Küche ausbreitet, wenn die Nüsse geröstet werden. Da kann einfach keiner mehr widerstehen!

Haltbarkeit:
ein paar Wochen
(im Kühlschrank)

Für:
das besondere Frühstück,
zum Bestreichen von
Crêpes oder pur

**Zubereitungszeit: 20 Minuten
(+ Zeit zum Festwerden)
Ergibt: 150–200 ml**

**100 g Haselnüsse (ohne Haut, siehe auch Tipps)
1–1 ½ EL Sonnenblumenöl
100 g Vollmilchschokolade (Lieblingssorte)
1 EL schwach entöltes Kakaopulver
Twist-off-Gläser oder Porzellanförmchen
(sterilisiert)**

1. Die Haselnüsse ohne Fett bei mittlerer Hitze in einer Pfanne rösten, bis sie beginnen, leicht Farbe anzunehmen und zu duften.

2. Nüsse in einen elektrischen Blitzhacker oder in eine Küchenmaschine mit Schneideeinsatz geben und fein mahlen. Nach einigen Minuten legen sich die Nüsse schon pastenähnlich am Boden des Geräts an, dann mit einem Gummispatel gut abschaben, das Öl zugeben und alles weitermahlen – je länger gemahlen wird, desto samtiger wird die Konsistenz der Creme.

3. Die Schokolade fein hacken, in eine kleine Metallschüssel geben und über einem heißen Wasserbad unter Rühren langsam schmelzen lassen. Darauf achten, dass kein Wasser in die Schokolade gelangt, und sie auch nicht zu heiß wird (die Schokolade kann sonst klumpen).

4. Die geschmolzene Schokolade und das Kakaopulver nun zur Nusspaste geben und alles noch mal mehrere Minuten durchmixen. Die Creme in die Gläser oder die Förmchen abfüllen, gut verschließen und im Kühlschrank fest werden lassen. Dort auch bis zum Verschenken aufbewahren.

Tipps

Ganze gehäutete Haselnüsse kann man in sehr gut sortierten Super- oder Großmärkten oder übers Internet kaufen. Wer keine bekommt, nimmt einfach ungehäutete Nüsse, schiebt sie auf dem Backblech für etwa 10 Minuten in den 200 °C heißen Backofen (Umluft 180 °C) und rubbelt dann die Haut mit einem Küchentuch ab. Wem das zu aufwendig ist, verwendet notfalls 100 g Nussmus aus dem Bioladen.
Die Creme wird im Kühlschrank relativ fest. Man sollte sie am besten einige Minuten vor Gebrauch aus dem Kühlschrank nehmen, dann ist sie streichzart.

Verpackung & Deko

In Antik- und Antiquitätengeschäften findet man mit etwas Glück einzigartige Aufbewahrungsgefäße aus Glas. Das Etikett trägt dem Rechnung und ist eine Kopie aus einem alten Kochbuch, noch in altdeutscher Schrift verfasst.

BUTTERSCOTCH-SAUCE

Die Geschmacksrichtung »Butterscotch« ist in den USA weit verbreitet, in Europa wird sie oft missverstanden. Sie enthält trotz ihres Namens keinen Tropfen Alkohol, sondern bezeichnet eine Mischung aus braunem Zucker und Butter, die oft noch mit einem Hauch Salz abgeschmeckt wird. Unbedingt mal ausprobieren: ein selbst gemachtes Bananensplit mit schön reifen Bananen, Vanilleeis, Schlagsahne, etwas Haselnusskrokant (Rezept Seite 132) und natürlich Butterscotch-Sauce – zum Dahinschmelzen!

Zubereitungszeit: 15 Minuten
Ergibt: etwa 200 ml

1 Vanilleschote
150 g Sahne
100 g dunkelbrauner Roh-Rohrzucker
   (z. B. Muscovado)
50 g Butter
etwa ¼ TL feines Meersalz
gut verschließbare Flaschen oder
   Twist-off-Gläser (sterilisiert)

1. Die Vanilleschote der Länge nach aufschlitzen und das Mark herauskratzen. Das Vanillemark zusammen mit den restlichen Zutaten in einen kleinen Topf geben und bei starker Hitze unter Rühren erwärmen, bis sich Butter und Zucker vollständig aufgelöst haben.

2. Die Mischung zum Kochen bringen, dann gleich die Temperatur reduzieren und die Sauce 5–10 Minuten bei geringer bis mittlerer Hitze leicht köcheln lassen, bis sie sämig ist.

3. Die Sauce eventuell noch mit etwas Salz abschmecken. Sauce in die Flaschen oder Gläser füllen, gut verschließen und abkühlen lassen. Dann bis zum Verschenken im Kühlschrank aufbewahren. Vor Gebrauch aufschütteln.

Tipp

Die Butterscotch-Sauce wird im Kühlschrank noch etwas fester, deshalb sollte man sie nicht in Flaschen mit zu engem Hals abfüllen, sonst kann man sie später schlecht dosieren bzw. ausgießen.

Verpackung & Deko

Diese Sauce schmeckt so unwiderstehlich, dass sie auch pur mit dem Löffel vernascht wird – sagen gewisse Leute. Was würde also besser als Accessoire dazu passen, als ein langstieliger Silberlöffel vom Flohmarkt? Das Etikett ist aus der Kopie einer Seite eines alten Kochbuchs in Form geschnitten worden. Mit einem durchgezogenen Nähfaden kann man es ganz einfach an die Flasche binden.

Haltbarkeit:
1–2 Wochen
(im Kühlschrank)

Für:
Eisbecher, als Dessertsauce über Pudding und Kuchen

WHISKEY-FUDGE

Haltbarkeit: bei Zimmertemperatur einige Tage, im Kühlschrank etwa 2 Wochen
Für: Whiskey-Fans, Naschkatzen und Freunde internationaler süßer Spezialitäten und für alle, die sehr gerne Karamell essen

Sieht man einmal von seiner leicht kristallisierten Konsistenz ab, ist Fudge ein naher Verwandter von Toffee und Karamell. Vereint man Schokolade und Whiskey in einem Fudge-Rezept, kann man damit sogar harte Kerle zum Naschen verführen.

Zubereitungszeit: 30 Minuten
(+ 1–2 Stunden Festwerden)
Ergibt: 40–50 Stück

5–6 Tropfen Sonnenblumenöl
150 g Zartbitterschokolade
(50–70 % Kakao)
50 ml Bourbon-Whiskey
400 ml gesüßte Kondensmilch
(z. B. Milchmädchen)
50 ml heller Sirup (z. B. Golden Syrup, heller Zuckerrübensirup oder Ahornsirup)
250 g Zucker (am allerbesten Muscovado)
¼ TL feines Meersalz
100 g Butter
Zuckerthermometer (bei Bedarf)

1. Eine Brownie-Backform oder eine eckige Auflaufform (etwa 20 x 20 cm) mit Backpapier auslegen und mit dem Sonnenblumenöl einpinseln. Die Schokolade fein hacken, den Whiskey abmessen und bereitstellen.

2. Die Kondensmilch mit Sirup, Zucker, Salz und der Butter in einen großen Topf geben und bei mittlerer Hitze langsam schmelzen lassen, dabei gelegentlich mit einem Gummispatel umrühren, da die Mischung sehr leicht am Boden ansetzt.

3. Sobald sich alles zu einer einheitlichen Masse verbunden hat, und diese zu köcheln beginnt, Topfboden und -rand kontinuierlich mit dem Gummispatel abschaben. Nun die Masse bei mittlerer bis starker Hitze in 8–10 Minuten zu einem dicklichen Karamell einkochen lassen (umrühren nicht vergessen!). Jetzt sollte das Karamell eine Temperatur von etwa 125 °C haben. Wer möchte, kann diese mit einem Zuckerthermometer nachmessen.

4. Dann den Topf vom Herd nehmen und Schokolade und Whiskey zugeben. Nicht erschrecken, wenn es zunächst brodelt, und das Karamell eine seltsame Konsistenz aufweist – das legt sich nach ausgiebigem Rühren und die Masse glänzt wieder samtig und glatt. Die Karamellmasse sofort in die vorbereitete Form füllen, glatt streichen und abkühlen lassen. Dann abgedeckt in 1–2 Stunden im Kühlschrank fest werden lassen.

5. Fudge aus der Form heben und das Backpapier abziehen. Das Fudge mit einem großen Messer auf einem Küchenbrett in kleine Würfel schneiden. Für besonders glatte Schnittflächen das Messer zwischendurch immer wieder mit dem Küchentuch säubern und kurz in Wasser tauchen. Die Fudge-Würfel in einen Behälter schichten, dabei Wachs- oder Backpapier dazwischenlegen, luftdicht verschließen. Bis zum Verschenken im Kühlschrank aufbewahren.

Varianten

Dieses Fudge-Rezept lässt noch genügend Spielraum für eigene Kreativität. Man kann etwa den Whiskey durch einen Likör (z. B. Orangenlikör, Mandellikör, Whiskey-Sahne-Likör, Kaffeelikör) ersetzen oder zusätzlich gewürfelte Trockenfrüchte (z. B. Aprikosen oder Kirschen) unter die Karamellmasse mengen. Auch fein: Das Fudge mit Nüssen (am besten sind Pekannüsse oder Mandeln) dekorieren. Dazu die Nüsse einfach in die noch heiße Fudge-Masse in der Form drücken.

Verpackung & Deko

Wie Pralinen oder Trüffel können Fudge-Würfel mit Pergamentpapier in selbst gebastelte oder gekaufte kleine Schachteln geschichtet werden. Oder man wickelt die Würfel einzeln in Zellophanfolie (die man zuvor passend zugeschnitten hat).

SPECK-KARAMELLEN

Haltbarkeit: 1–2 Wochen, am besten im Kühlschrank
Für: experimentierfreudige Süßschnäbel, die unbedingt einmal etwas Neues probieren möchten

Der Spruch »Alles schmeckt besser mit Speck« stimmt auch hier: Zartschmelzige Karamellen bekommen durch knusprige Speckstückchen das gewisse Etwas. Die Kunst besteht darin, der Karamellmasse genau die richtige Menge Speck zuzufügen – gerade so viel, dass man sich fragt, was da wohl noch drin ist …

**Zubereitungszeit: 45 Minuten
(+ 1–2 Stunden Festwerden)
Ergibt: etwa 50 Stück**

**3–4 Scheiben Frühstücksspeck
(Bacon) oder Pancetta
5–6 Tropfen Sonnenblumenöl
200 g Sahne
75 g Butter
75 ml Golden Syrup (notfalls
geht auch heller Zucker-
rübensirup)
200 g Zucker
flockiges Meersalz (wer mag,
z. B. Fleur de Sel oder Maldon)
Zuckerthermometer**

1. Die Speckscheiben möglichst fein hacken und in einer Pfanne bei mittlerer Hitze langsam auslassen, dabei gelegentlich umrühren, damit die Speckstückchen gleichmäßig bräunen und schön knusprig werden. Vom Herd nehmen und auf Küchenpapier geben – dieses soll überschüssiges Fett aufsaugen. Die Speckstückchen beiseitestellen.

2. Eine flache rechteckige Back- oder Auflaufform (etwa 14 x 14 cm) mit Backpapier auskleiden und mit dem Öl einpinseln. Die Sahne und die Butter zusammen in einem kleinen Topf aufkochen und warm halten.

3. In einem großen Topf 75 ml Wasser, den Sirup und den Zucker bei mittlerer bis starker Hitze unter Rühren zum Kochen bringen, bis sich der Zucker vollständig aufgelöst hat. Die Mischung so lange köcheln lassen, bis sie eine Temperatur von 115 °C erreicht hat und goldgelb ist. Die Temperatur mit einem Zuckerthermometer messen.

4. Nun die warme Sahnemischung dazugeben (nicht erschrecken, wenn es schäumt) und alles weitere 10–15 Minuten unter ständigem Rühren kochen lassen, bis die Temperatur des Karamells 120 °C (ergibt weiche Karamellen) oder 125 °C (ergibt härtere Karamellen) erreicht hat, dann den Topf vom Herd nehmen und die Speckstückchen unter das Karamell rühren.

5. Die Karamellmasse sofort in die Form gießen. Wer mag, zerreibt jetzt noch ein klein wenig Meersalz und streut es über das Karamell. In 1–2 Stunden bei Zimmertemperatur fest werden lassen.

6. Das Karamell auf ein Küchenbrett stürzen und das Backpapier abziehen. Karamell mit einem großen, schweren Messer entweder in kleine Würfel oder in Stangen schneiden, dabei die Messerklinge zwischendurch immer mal wieder säubern. Die Speck-Karamellen bis zum Verschenken im Kühlschrank in einem luftdicht verschlossenen Behälter zwischen Lagen aus Backpapier aufbewahren, dann aber bei Zimmertemperatur genießen.

Varianten

Wem die Zugabe von Speck doch ein wenig zu gewagt erscheint, oder wer eine vegetarische Variante bevorzugt, der lässt die Speckstückchen ersatzlos weg oder gibt stattdessen 75 g gehackte Mandeln oder Pekannüsse zu. Auch gesalzene Erdnüsse schmecken toll im Karamell.

Verpackung & Deko

Am besten wickelt man die Karamellen einzeln in Wachspapier oder Zellophanfolie, sonst hinterlassen sie Fettflecken und kleben zusammen. Wie wär's mit einer selbst gebastelten Pappbox mit Tütchen-Einlage? Das Schnittmuster dazu gibt's zum Download (siehe Seite 157).

Schnell & simpel

Gewürzte Oliven
Eingelegter Käse
Dressings
Salz & Zucker
Wodka mit Geschmack
Süße Knabbereien
Honigmischungen
Tee & Kräuter
Studentenfutter
Mandeln & Nüsse

OLIVEN PUTTANESCA

Zubereitungszeit: 15 Minuten
Ergibt: 400–500 ml

4 Knoblauchzehen | 1 große rote Chilischote | 6 Sardellenfilets in Öl
1 kleines Bund Petersilie | etwa 200 g entsteinte schwarze Oliven (z.B. Kalamata)
2 EL kleine Kapern | 150–200 ml Olivenöl | Twist-off-Gläser (sterilisiert)

1. Knoblauch schälen und in dünne Scheiben schneiden. Chili waschen, entstielen und fein hacken, Sardellenfilets grob hacken. Petersilie abbrausen und trocken schütteln, die Blättchen fein hacken. Die Oliven in dicke Ringe schneiden.

2. Alle vorbereiteten Zutaten mit den Kapern vermengen und in die Gläser füllen. Dann mit so viel Öl begießen, dass alles vollständig damit bedeckt ist. Die Gläser dabei ab und zu leicht auf den Tisch stoßen, damit keine Luftbläschen im Öl eingeschlossen werden. Gläser gut verschließen, bis zum Verschenken im Kühlschrank aufbewahren.

Verpackung & Deko: Karo-Stoffhauben sind ein Dauerbrenner – hier mit einem angestickten und farblich passend beschrifteten Etikett.

Haltbarkeit:
1–2 Wochen
(im Kühlschrank)

Für:
Antipasti-Büfetts, eine
fixe Pasta (z.B. gepaart
mit Tomaten)

MINZEOLIVEN

Zubereitungszeit: 15 Minuten (+ 2–3 Tage Durchziehen)
Ergibt: 400–500 ml

2 Knoblauchzehen | 1 kleines Bund Minze (auch fein: Thymian, Rosmarin
und Basilikum gemischt) | etwa 250 g schwarze Oliven (z.B. Kalamata)
etwa 200 ml Olivenöl | Twist-off-Gläser (sterilisiert)

1. Knoblauch schälen und fein hacken. Die Minze abbrausen und trocken schütteln, die Blättchen fein hacken. Beides zusammen mit den Oliven abwechselnd in die Gläser einschichten. Dann mit so viel Olivenöl begießen, dass alles vollständig damit bedeckt ist.

2. Die Gläser verschließen und behutsam schütteln, bis sich alle Zutaten gut vermischt haben. Am besten vor dem Verzehr noch 2–3 Tage im Kühlschrank durchziehen lassen und dort auch bis zum Verschenken aufbewahren.

Tipp: Das Öl eignet sich – wenn die Oliven erstmal verzehrt sind – toll zum Dippen.

Verpackung & Deko: Gestreifte Bänder sollte man stets in der Schublade haben ...

ZITRUS-INGWER-OLIVEN

Zubereitungszeit: 15 Minuten (+ 2–3 Tage Durchziehen)
Ergibt: 400–500 ml

1 Bio-Orange oder Bio-Zitrone | 1 Stück Ingwer (etwa 2 cm)
1 Zweig Rosmarin (wer mag) | etwa 200 g schwarze oder grüne Oliven
etwa 200 ml Olivenöl | Twist-off-Gläser (sterilisiert)

1. Orange oder Zitrone heiß waschen und abtrocknen, die Schale fein abreiben (ohne das Weiße darunter) oder mit einem Zestenreißer in dünnen Streifen abziehen. Ingwer schälen und fein reiben (etwa 1 EL). Nach Belieben den Rosmarin abbrausen, trocken schütteln und kleiner schneiden.

2. Alle vorbereiteten Zutaten mit den Oliven in die Gläser füllen. Mit so viel Öl begießen, dass alles vollständig damit bedeckt ist. Gläser verschließen und behutsam schütteln, bis sich alle Zutaten gut vermischt haben. Am besten vor dem Verzehr noch 2–3 Tage im Kühlschrank durchziehen lassen und dort auch bis zum Verschenken aufbewahren.

Verpackung & Deko: Auch Standard-Etiketten und gestreiftes Küchengarn haben Charme.

OLIVEN MIT FETA

Zubereitungszeit: 15 Minuten
Ergibt: 400–500 ml

1 große rote Chilischote | 3–4 Zweige Rosmarin und/oder Thymian
100 g Schafskäse (Feta) | etwa 200 g schwarze oder grüne Oliven
150–200 ml Olivenöl | Twist-off-Gläser (sterilisiert)

1. Chili waschen, entstielen und schräg in feine Ringe schneiden (wer es milder mag, entfernt vorher Trennwände und Kerne). Die Kräuter abbrausen und trocken schütteln, die Blättchen fein hacken. Den Feta auf Küchenpapier abtropfen lassen und klein würfeln.

2. Alle vorbereiteten Zutaten mit den Oliven in die Gläser füllen. Sind diese zur Hälfte gefüllt, bereits mit ein wenig Öl aufgießen und die Gläser leicht auf den Tisch stoßen, damit keine Luftbläschen im Öl eingeschlossen werden. Dann fertig einschichten und so viel Öl aufgießen, dass alles damit bedeckt ist. Gut verschließen und bis zum Verschenken im Kühlschrank aufbewahren.

Verpackung & Deko: Kleine Holztafeln ergeben rustikale, beschriftbare Anhänger.

ROSMARIN-MANCHEGO

Zubereitungszeit: 15 Minuten
Ergibt: etwa 400 ml

3–4 Zweige Rosmarin | etwa 200 g Manchego
(Schafskäse aus Spanien, ohne Rinde)
1 EL schwarze Pfefferkörner
Olivenöl zum Aufgießen | Twist-off-Gläser
oder Einmachgläser (sterilisiert)

1. Rosmarin abbrausen, trocken schütteln und
mit Küchenpapier abtupfen. Den Manchego in
kleine Würfel oder große Dreiecke schneiden.

2. Rosmarinzweige, Manchego und die Pfefferkörner in die Gläser schichten. Sind diese zur
Hälfte gefüllt, bereits mit ein wenig Öl aufgießen
und die Gläser leicht auf den Tisch stoßen, damit
keine Luftbläschen im Öl eingeschlossen werden.
Dann fertig einschichten und so viel Olivenöl
aufgießen, dass alles damit bedeckt ist. Gut verschließen und bis zum Verschenken im Kühlschrank aufbewahren.

Tipp für alle drei eingelegten Käse: Den Käse
mindestens 30 Minuten vor dem Verzehr aus
dem Kühlschrank nehmen, damit sich das ausgeflockte Olivenöl (kein Zeichen von minderer
Qualiät) bei Zimmer-
temperatur wieder
verflüssigen kann.

Haltbarkeit:
1–2 Wochen
(im Kühlschrank)

Für:
Antipasti-Büfetts, als
Topping für Salate,
zur Brotzeit

ZIEGENKÄSE MIT ROSA PFEFFER

Eingelegter Käse im Kühlschrank ist die Not-
fallverpflegung schlechthin: Ein ofenfrisches
Baguette auf dem Heimweg gekauft und schon
ist das Abendessen gesichert. Und auf keinen
Fall vergessen, das aromatische Öl mit dem Brot
aufzutunken – es wäre schade drum! Oder das
Öl für die nächste Vinaigrette verwenden.

Zubereitungszeit: 15 Minuten
Ergibt: etwa 400 ml

1 kleines Bund Thymian | etwa 200 g Ziegen-
käse (z. B. Crottin de Chavignol, Buchette de
Banon oder Picandou) | 1–2 EL rosa Pfeffer-
körner | Olivenöl zum Aufgießen | Twist-
off-Gläser oder Einmachgläser (sterilisiert)

1. Thymian abbrausen, trocken schütteln und
mit Küchenpapier abtupfen. Den Ziegenkäse je
nach Sorte in Viertel oder kleine mundgerechte
Ecken schneiden.

2. Die Thymianzweige, den Ziegenkäse und die
Pfefferkörner in die Gläser schichten. Je weniger
der Käse dabei an den Glaswänden entlangstreift,
desto ansprechender sieht das Ergebnis aus.

3. Sind die Gläser zur Hälfte gefüllt, bereits mit
ein wenig Öl aufgießen und die Gläser leicht auf
den Tisch stoßen, damit keine Luftbläschen im
Olivenöl eingeschlossen werden. Dann fertig
einschichten und so viel Öl aufgießen, dass alles
damit bedeckt ist. Gut verschließen und bis zum
Verschenken im Kühlschrank aufbewahren.

BUNTER MINI-MOZZARELLA

Zubereitungszeit: 15 Minuten
Ergibt: etwa 400 ml

6–8 getrocknete Tomaten (pur oder in Öl
eingelegt) | 1 kleines Bund Basilikum
1 große rote Chilischote (wer mag)
etwa 175 g Mini-Mozzarellabällchen (am
besten echten Büffelmozzarella nehmen)
Olivenöl zum Aufgießen | Twist-off-Gläser
oder Einmachgläser (sterilisiert)

1. Die Tomaten in dünne Streifen schneiden.
Basilikum abbrausen, trocken schütteln und mit
Küchenpapier abtupfen. Die Blätter entweder
im Ganzen verwenden oder in feine Streifen
schneiden. Die Chilischote waschen, entstielen
und schräg in möglichst feine Ringe schneiden
(wer es milder mag, entfernt vorher die Trennwände und Kerne).

2. Alle vorbereiteten Zutaten mit den Mozzarella-
bällchen in die Gläser schichten. Sind diese zur
Hälfte gefüllt, bereits mit ein wenig Öl aufgießen
und die Gläser leicht auf den Tisch stoßen, damit
keine Luftbläschen im Öl eingeschlossen werden. Dann
fertig einschichten und so viel Öl aufgießen, dass
alles damit bedeckt ist. Gut verschließen und bis
zum Verschenken im Kühlschrank aufbewahren.

Verpackung & Deko: Twist-off-Gläser oder Ein-
machgläser lassen sich nicht nur mit liebevollen
Details wie etwa einer kleinen beschriftbaren
Tafel mit Holzklammer verschönern (als Etikett).
Selbst eine Deckelhaube aus einer Seite einer
Tageszeitung zeigt Kreativität beim Dekorieren
– und kostet praktisch nichts!

MANCHEGO

ORANGEN-HONIG-DRESSING

Ein wunderbares Dressing für alle Arten von Blattsalaten, schmeckt aber auch klasse mit Krautsalat oder einem Salat mit Entenbrust. Zudem können Jakobsmuscheln oder Fisch beim Anbraten in der Pfanne mit ein wenig Orangen-Honig-Dressing beträufelt werden.

Zubereitungszeit: 10 Minuten
Ergibt: etwa ¼ l

100 ml Raps- oder Sonnenblumenöl
100 ml frisch gepresster Orangensaft
2 EL Weißweinessig | 1 EL flüssiger Honig
1–2 TL süßer Senf | feines Meersalz
frisch gemahlener schwarzer Pfeffer
gut verschließbare Flasche (sterilisiert)

1. Alle Zutaten in einen hohen Rührbecher geben und mit einem Pürierstab aufmixen. Mit Salz und Pfeffer abschmecken. Das Dressing in die Flasche füllen, gut verschließen und bis zum Verschenken im Kühlschrank aufbewahren. Vor der Verwendung immer kurz aufschütteln.

Tipps: Verwendet man leuchtend gelbes Rapsöl, bekommt das Dressing eine fantastische Farbe. Wer es exotischer mag, ersetzt den Orangensaft durch möglichst ungesüßten Mangosaft.

> **Haltbarkeit:**
> bis zu 1 Woche
> (im Kühlschrank)
>
> **Für:**
> diverse Salate – die
> Details stehen direkt
> beim Rezept

VIETNAMESISCHES DRESSING

Damit lässt sich im Handumdrehen ein asiatisch anmutender Nudel- oder Reissalat zaubern (geröstete Erdnüsse sorgen dabei für Crunch-Effekt) oder ein Rohkostsalat verfeinern.

Zubereitungszeit: 15 Minuten
Ergibt: etwa 200 ml

2 Bio-Limetten | 2 EL Reis- oder Weißweinessig | 1 EL Palm- oder Roh-Rohrzucker (z. B. Muscovado) | 1 Stück Ingwer (etwa 2 cm) 2 Knoblauchzehen | 1 Bund Koriandergrün 50 ml Sonnenblumenöl | 100 ml Kokosmilch ½ TL Fisch- oder Sojasauce | getrocknete Chili-Flakes (wer mag) | gut verschließbare Flasche (sterilisiert)

1. Die Limetten heiß waschen und abtrocknen, die Schale von 1 Limette fein abreiben, beide Früchte auspressen. Schale und 4 EL Saft mit Essig und Zucker in einen hohen Rührbecher geben, umrühren und 5 Minuten stehen lassen.

2. In der Zwischenzeit Ingwer und Knoblauch schälen, fein hacken. Den Koriander abbrausen, trocken schütteln und hacken. Alles zusammen mit Öl, Kokosmilch, Fisch- oder Sojasauce und eventuell Chili-Flakes in den Rührbecher geben.

3. Das Dressing so lange mit einem Pürierstab aufmixen, bis beinahe keine Korianderstücke mehr erkennbar sind. Dressing in die Flasche füllen, gut verschließen und bis zum Verschenken im Kühlschrank aufbewahren. Vor der Verwendung immer kurz aufschütteln.

GORGONZOLA-DRESSING

Wenn ein Dressing so lecker schmeckt, dass man es am liebsten mit dem Finger aus der Schüssel schleckt, dann kann jeder Salat damit nur gewinnen. Ein paar Handvoll Feldsalat, dazu Birnenspalten, Walnusshälften und vielleicht noch ein paar getrocknete Cranberrys oder Datteln – dazu passt dieses Dressing perfekt. Ebenso wie zu Rohkostsalaten aller Art.

Zubereitungszeit: 10 Minuten
Ergibt: etwa 200 ml

50 g milder Gorgonzola dolce
100 ml Raps- oder Sonnenblumenöl
50 ml Weißweinessig | 1–2 EL Cognac
1 EL flüssiger Honig | feines Meersalz
frisch gemahlener schwarzer Pfeffer
gut verschließbare Flasche (sterilisiert)

1. Den Gorgonzola grob zerkleinern, mit den anderen Zutaten in einen hohen Rührbecher geben und mit einem Pürierstab aufmixen. Mit Salz und Pfeffer abschmecken. Das Dressing in die Flasche füllen, gut verschließen und bis zum Verschenken im Kühlschrank aufbewahren. Vor der Verwendung immer kurz aufschütteln.

Tipps: Möchte man Olivenöl statt Raps- oder Sonnenblumenöl verwenden, mixt man alle Zutaten bis auf das Öl mit dem Pürierstab durch. Das Olivenöl rührt man danach von Hand unter (es kann sonst bitter werden). Der Gorgonzola lässt sich auch gut durch anderen Blauschimmelkäse wie etwa Roquefort oder Stilton ersetzen.

Verpackung & Deko

Durch die begrenzte Haltbarkeit von Dressings sind hier recycelte Flaschen eine sehr günstige Verpackungsalternative – entweder werden die alten Deckel durch neu gekaufte Korken oder andere Verschlüsse ersetzt, oder man überklebt die alten bedruckten Deckel mit dekorativen Folien oder Papier (siehe Seite 149 und 151).

SALZ- & ZUCKER-MISCHUNGEN

Zubereitungszeit: 5–15 Minuten (+ Trocknen im Backofen oder Festwerden des Karamells)
Haltbarkeit: bis zu mehreren Monaten (das Aroma lässt aber mit der Zeit nach)

Zitrus-Ingwer-Salz (ergibt etwa 60 g, für Fisch und Meeresfrüchte)

je 1 Bio-Orange und Bio-Limette | 1 Stück Ingwer (etwa 2 cm, wer mag) | Mark von ½ Vanilleschote | 50 g flockiges Meersalz (z. B. Fleur de Sel oder Maldon)

1. Backofen auf 100 °C vorheizen, ein Backblech mit Backpapier auslegen. Die Zitrusfrüchte heiß waschen und abtrocknen, Schale fein abreiben. Ingwer schälen und ebenfalls fein reiben. Alles mit Vanillemark und Salz vermengen, dann auf dem Backblech verteilen. Im Ofen (Mitte, Umluft 100 °C) in ½–1 Stunde langsam trocknen lassen, dabei ein- oder zweimal durchrühren.

2. Salz aus dem Ofen nehmen und auskühlen lassen. Bis zum Verschenken in einem luftdicht verschlossenen Behälter aufbewahren.

Himbeer-Rosen-Salz (ergibt etwa 60 g, für Lamm und Ente)

50 g Himbeeren (frisch oder tiefgekühlt) 50 g flockiges Meersalz (z. B. Fleur de Sel oder Maldon) | 1 TL getrocknete Rosenblüten

1. Backofen auf 100 °C vorheizen, ein Backblech mit Backpapier auslegen. Frische Himbeeren verlesen und putzen, tiefgekühlte auftauen lassen. Die Himbeeren durch ein feines Sieb streichen,

das Fruchtpüree auffangen. Mit dem Salz vermischen, auf dem Backblech verteilen. Im Ofen (Mitte, Umluft 100 °C) in 1–1 ½ Stunden langsam trocknen lassen, dabei ein- oder zweimal durchrühren und grobe Klumpen mit den Fingern behutsam zerkleinern.

2. Salz aus dem Ofen nehmen und auskühlen lassen, erst dann die Rosenblütenblätter fein dazubröseln und untermischen. Bis zum Verschenken in einem luftdicht verschlossenen Behälter aufbewahren.

Balsamicosalz (ergibt etwa 50 g, für Rindersteaks und zu Salat Caprese)

1 EL gereifter, dickflüssiger Balsam-Essig (regulärer Aceto balsamico hat nicht die gleiche Intensität) | 50 g flockiges Meersalz (z. B. Fleur de Sel oder Maldon)

1. Backofen auf 100 °C vorheizen, ein Backblech mit Backpapier auslegen. Salz mit dem Essig verrühren, dann auf dem Backblech verteilen. Im Ofen (Mitte, Umluft 100 °C) in 1–1 ½ Stunden langsam trocknen lassen, dabei ein- oder zweimal durchrühren und grobe Klumpen mit den Fingern behutsam zerkleinern.

2. Salz aus dem Ofen nehmen und auskühlen lassen. Bis zum Verschenken in einem luftdicht verschlossenen Behälter aufbewahren.

Heidelbeerzucker (ergibt etwa 50 g, für das Finish von Desserts und Obstsalat)

25 g Heidelbeeren (frisch oder tiefgekühlt, keine Kulturheidelbeeren nehmen, die haben zu wenig Farbstoff) | 75 g Zucker (eventuell einen Teil davon durch Vanillezucker ersetzen)

1. Ein Backblech mit Backpapier auslegen. Frische Heidelbeeren verlesen und putzen, tiefgekühlte auftauen lassen. Heidelbeeren durch ein feines Sieb streichen, das Fruchtpüree auffangen.

2. Zucker in einer großen Pfanne verteilen und bei starker Hitze schmelzen lassen, dabei nicht umrühren. Sobald der Zucker an den Rändern schmilzt, Püree über den Zucker gießen (nicht erschrecken, wenn es brodelt und schäumt). Zucker weiter schmelzen lassen und erst dann umrühren, wenn mindestens die Hälfte davon geschmolzen ist. Sobald der Zucker vollständig karamellisiert ist, auf dem Backblech verteilen (Vorsicht, sehr heiß!) und fest werden lassen.

3. Den Karamell in Stücke brechen und im elektrischen Blitzhacker fein mahlen (oder in einen Gefrierbeutel geben und mit einem Nudelholz zerkleinern). Bis zum Verschenken in einem luftdicht verschlossenen Behälter aufbewahren.

Haselnusskrokant (ergibt etwa 100 g, für Eisbecher und Desserts)

75 g Zucker | 35 g gehackte Haselnüsse (ohne Haut, siehe auch Tipps Seite 118)

1. Ein Backblech mit Backpapier auslegen. Den Zucker in einer großen Pfanne verteilen und bei starker Hitze schmelzen lassen, dabei nicht umrühren. Sobald die Hälfte des Zuckers geschmolzen ist, Hitze reduzieren und den ganzen Zucker unter Rühren goldbraun karamellisieren lassen, Nüsse unterrühren. Nusskaramell auf dem Blech verteilen (Vorsicht, sehr heiß!), fest werden lassen.

2. Den Karamell in Stücke brechen und im elektrischen Blitzhacker fein mahlen (oder in einen Gefrierbeutel geben und mit einem Nudelholz zerkleinern). Bis zum Verschenken in einem luftdicht verschlossenen Behälter aufbewahren.

Heidelbeerzucker

Balsamico-Salz

hard made

Zitrus-Ingwer-Salz

Haselnuß-Krokant

Verpackung & Deko
Diese Mischungen lassen sich praktisch und dekorativ zugleich in Aluminium-döschen portionieren. Sie haben eine Nähmaschine zu Hause? Auch damit lässt es sich kreativ werden: Gefüllte Salz- oder Zuckertütchen werden mit einer Naht verschlossen, Etiketten mit einem Zickzack- oder Zierstich verziert.

PFIRSICH-WODKA

Früher von keiner Feier wegzudenken, hat heute dieses Wodka-Getränk (auch Limes genannt) etwas unter seinem Party-Ruf gelitten. Aber völlig zu Unrecht! Wenn es mit frischem Fruchtpüree zubereitet und eisgekühlt serviert wird, ist es ein echter Genuss. Garniert mit ein paar Minzeblättchen und Fruchtstückchen oder -scheiben wird daraus ein wunderbarer, sommerlicher Longdrink.

Haltbarkeit:
ein paar Tage
(im Kühlschrank)

Für:
alle Limes-Liebhaber,
als süffiges Party-
Mitbringsel

Zubereitungszeit: 15 Minuten
Ergibt: etwa 1 l

125 g Zucker
2 EL Vanillezucker
600 g vollreife Pfirsiche
50 ml frisch gepresster Zitronensaft
¼ l Wodka
gut verschließbare Flaschen (sterilisiert)

1. Zucker, Vanillezucker und 150 ml Wasser aufkochen, bis sich der Zucker aufgelöst hat. Dann den Läuterzucker zum Abkühlen zur Seite stellen.

2. Die Pfirsiche schälen (sind sie vollreif, kann man die Haut ganz einfach mit einem Messer abziehen, ansonsten den Sparschäler nehmen), vierteln, entkernen und in Stücke schneiden (es sollten 500 g sein). Pfirsiche mit dem Zitronensaft in einen hohen Rührbecher geben und mit einem Pürierstab ganz fein zerkleinern.

3. Pfirsichpüree mit dem abgekühlten Läuterzucker und dem Wodka vermischen und in die Flaschen abfüllen. Gut verschließen und bis zum Verschenken im Kühlschrank aufbewahren.

Varianten

Beeren-Wodka – 600 g geputzte frische oder aufgetaute TK-Beeren (am besten schmecken Himbeeren, Erdbeeren oder auch eine Beerenmischung) pürieren und durch ein feines Sieb streichen, um die Kernchen zu entfernen (sie würden den Trinkgenuss enorm einschränken). Püree mit Läuterzucker und Wodka vermischen und in die Flaschen füllen.

Exotik-Wodka – 500 g Fruchtfleisch von exotischen Früchten (z. B. Bananen, Ananas, Mangos, Passionsfrucht, Melone oder auch eine Tutti-Frutti-Mischung) pürieren und mit Läuterzucker und Wodka vermischen, in die Flaschen füllen. Wer möchte, kann bei der Herstellung des Läuterzuckers einen Teil des weißen Zuckers durch Palmzucker oder braunen Zucker ersetzen. Püriert man dann noch ein paar Minzeblätter mit den Früchten, bekommt der Longdrink eine herrlich frische Note.

Verpackung & Deko

Bunte Klebebänder oder gemusterte japanische Klebebänder (aus der Papeterie) sind eine hübsche Idee, um Etiketten schnell und ganz ohne Klebstoff an Flaschen zu befestigen.

BONBON-WODKA

Diese kleinen Wodka-Fläschchen sind nicht nur ein schnuckeliges Mitbringsel, sie haben es auch noch in sich: Bunte Bonbons aus dem Süßigkeitenregal geben dem Schnaps eine fruchtige oder karamellige Note. Und die pastelligen Bonbonfarben können einen leicht vergessen lassen, dass es sich immer noch um hochprozentigen Alkohol handelt – also nur eine kleine Aufmerksamtkeit für Erwachsene! Unbedingt außerhalb der Reichweite von Kindern aufbewahren!

Zubereitungszeit: 10 Minuten
(+ 6–8 Stunden Auflösen)
Ergibt: etwa 100 ml

**1 Mini-Wodka-Fläschchen (mit Schraub-
gewinde, 100 ml)**
5–6 Lutschbonbons (ohne Füllung, 25 g)
Einfülltrichter (bei Bedarf)

1. Das Wodka-Fläschchen öffnen, 2 EL Wodka entnehmen und aufheben (dann kann man bei Bedarf etwas davon zurückgießen oder auch den Wodka anderweitig verwenden).

2. Bonbons auswickeln und in das Fläschchen geben. Sind sie zu dick für den Flaschenhals, die Bonbons in einem Gefrierbeutel mit dem Nudelholz grob zerkleinern und die Bonbonstücke am besten mithilfe eines Trichters in die Flasche einfüllen. Den Flaschenhals mit einem Küchentuch abwischen, das Fläschchen wieder zuschrauben.

3. Das Wodka-Fläschchen ein wenig schütteln und 6–8 Stunden ruhen lassen – so lange dauert es üblicherweise, bis sich die Bonbons vollständig in dem Wodka aufgelöst haben. Schüttelt man die Flasche in regelmäßigen Abständen, lässt sich der Prozess ein wenig beschleunigen. Bis zum Verschenken dunkel und kühl aufbewahren.

Tipps

Die Bonbons sollte man sowohl nach Farbe als auch nach Geschmack auswählen. Besonders gute Ergebnisse erzielt man mit Fruchtbonbons (Himbeere, Zitrone, grüner Apfel, Ingwer) oder Karamellbonbons. Nicht jedermanns Geschmack ist dagegen Salbei oder Lakritz.
Natürlich lässt sich das Rezept auch auf große Flaschen hochrechnen oder mit anderem klaren, neutralen Alkohol zubereiten, etwa mit einem Grappa oder Korn.

Verpackung & Deko

Abgesehen von den originalen Mini-Wodka-Fläschchen eignen sich auch hübsch geformte kleine Smoothie-Fläschchen mit einem etwas weiteren Flaschenhals (die Bonbons passen hier im Ganzen durch). Soll es ein Do-it-yourself-Geschenk werden, die Flasche etwa zu drei Vierteln mit Alkohol füllen und die benötigte Menge an Bonbons in ein kleines Tütchen geben und an der Flasche anbinden.

Haltbarkeit:
ein paar Wochen
(dunkel und kühl)

Für:
den Mädels-Abend, als
gehaltvolles Party-
Mitbringsel

SCHOKO-KNUSPERBERGE

Warum kaufen, wenn man sie doch ganz schnell und einfach selbst machen kann?

Zubereitungszeit: 15 Minuten
(+ Zeit zum Festwerden)
Ergibt: etwa 20 Stück

100 g Zartbitterschokolade (Vollmilchschokolade schmeckt auch gut)
50 g Corn Flakes | 25 g Mandelblättchen

1. Ein Backblech mit Backpapier auslegen. Schokolade grob zerbrechen oder hacken, in eine kleine Metallschüssel geben und langsam über einem heißen Wasserbad schmelzen lassen.

2. Die Schüssel vom Wasserbad nehmen, Corn Flakes sowie Mandeln dazugeben und alles so lange verrühren, bis die Flakes gleichmäßig mit Schokolade überzogen sind. Dann mithilfe von zwei Teelöffeln kleine Häufchen von der Schoko-Flakes-Mischung auf das Blech setzen und an einem möglichst kühlen Ort (nicht im Kühlschrank) fest werden lassen.

3. Die Schoko-Knusperberge vorsichtig in einen luftdicht schließenden Behälter schichten und bis zum Verschenken an einem dunklen, kühlen Ort aufbewahren.

Varianten: Statt der Corn Flakes die Knusperberge mal mit Rice Krispies, Trockenfrüchten (Cranberrys, Rosinen), gehackten Nüssen oder Kokoschips zubereiten. Ist man sich bei der Menge nicht sicher, steigert man diese langsam beim Vermischen mit der Schokolade – und behält so die Kontrolle über die Konsistenz.

Verpackung & Deko: Zellophantütchen, eine schöne Schale oder Dose, ... – diese kleinen Schokohappen lassen sich verpacken, wie es Ihnen beliebt.

Haltbarkeit:
bis zu 2 Wochen
(dunkel und kühl)
Für:
alle Naschkatzen, als Mitbringsel zum Kindergeburtstag

RICE CRISPY TREATS

Mit dieser schnell zubereiteten, typisch amerikanischen Nascherei bringt man Kinderaugen zum Strahlen – aber auch Erwachsene stibitzen schon gerne mal ein Stück.

Zubereitungszeit: 15 Minuten
(+ 20–30 Minuten zum Festwerden)
Ergibt: etwa 20 Stück

5–6 Tropfen Sonnenblumenöl
25 g Butter
200 g weiße Marshmallows (je kleiner, desto besser)
1 Prise feines Meersalz
200 g Rice Krispies
2–3 EL bunte Zuckerperlen (wer mag, auch fein: Schokostreusel)

1. Eine Brownie-Backform oder eckige Auflaufform (etwa 20 x 20 cm) mit Backpapier auslegen und mit dem Öl einfetten. Notfalls geht auch ein mit Backpapier ausgelegtes Backblech, die Masse ist sehr zäh und muss ohnehin in Form gedrückt werden.

2. Butter in einem großen Topf zerlassen. Marshmallows zugeben und bei mittlerer Hitze mit einem Gummispatel so lange rühren, bis sie vollständig geschmolzen sind, dabei aber nicht anbrennen lassen. Salz unterrühren, dann Rice Krispies und eventuell Zuckerperlen untermengen.

3. Die Masse in die Form füllen und die Oberfläche mit dem Gummispatel glätten (oder ein Stück Backpapier darüberlegen und mit den Händen schön glatt streichen), im Kühlschrank in 20–30 Minuten fest werden lassen. Dann mit einem Brotmesser in kleine Würfel (etwa 5 cm) schneiden. Die Rice Crispy Treats bis zum Verschenken in einem luftdicht verschlossenen Behälter an einem dunklen, kühlen Ort aufbewahren.

Verpackung & Deko: Original Take-away-Verpackungen eignen sich ganz besonders gut als Geschenkverpackung für feines Selbstgemachtes. Falls der Inhalt Fettflecken hinterlassen könnte, die Box sicherheitshalber mit Pergamentpapier oder Zellophanfolie auskleiden.

HUSTENHELFER

Liegt die beste Freundin mit Husten im Bett, ist dieser Sud aus Honig und Zwiebeln ein beliebtes und bewährtes Hausmittel.

**Zubereitungszeit: 10 Minuten
(+ über Nacht Durchziehen)
Ergibt: einige Esslöffel**

1 Zwiebel | 3–4 EL Honig | Twist-off-Glas (sterilisiert, etwa 400 ml Inhalt)

1. Die Zwiebel schälen, halbieren und in dünne Halbringe schneiden. Zwiebelringe in das Glas geben und den Honig darüberlaufen lassen. Gut umrühren, Glas verschließen und den Ansatz am besten über Nacht durchziehen lassen. Dann den Ansatz noch mal umrühren und am besten direkt der Patientin bringen.

Tipp: Dieser Honig-Zwiebel-Sud lindert auf ganz natürliche Weise den Hustenreiz. Bei Bedarf einfach direkt etwas von der Flüssigkeit, die sich in dem Glas gebildet hat, mit einem sauberen Esslöffel (= 1 Portion) entnehmen und einnehmen.

Verpackung & Deko: Da der Sud direkt aus dem Gefäß gelöffelt wird, unbedingt ein Glas mit breiter Öffnung wählen.

> Haltbarkeit:
> Hustenhelfer 2 Tage,
> Honige ein paar Wochen
> (kühl)
>
> Für:
> die Details stehen direkt
> beim Rezept

VANILLE-NUSS-HONIG

Genau richtig für alle, die zum Frühstück gerne Joghurt mit Früchten essen. Dazu ein Löffel von diesem Honig und man will seinen Joghurt nie wieder anders genießen! Ob man das Glas dann noch verschenkt, ist fraglich ...

**Zubereitungszeit: 10 Minuten
Ergibt: 200–250 ml**

75 g gemischte Nüsse und Kerne (z. B. Walnüsse, Pekannüsse, Mandeln, Pistazien und Pinienkerne) | Mark von ½ Vanilleschote 150–200 g milder, heller Blütenhonig Twist-off-Gläser (sterilisiert)

1. Nur große Nüsse und Kerne grob hacken, kleine ganz lassen. Das Vanillemark mit dem Honig in einer Schüssel verrühren. Dann die Nüsse zugeben und untermengen. Die Nuss-Honig-Mischung in die Gläser füllen und gut verschließen. Bis zum Verschenken an einem kühlen Ort aufbewahren.

Tipp: Wer sich ein wenig mehr Zeit nehmen möchte, röstet die Nüsse und Kerne ein paar Minuten bei mittlerer Hitze in der Pfanne, bis sie goldbraun werden und anfangen zu duften. Nuss-Mix unter den Honig mischen, abfüllen. So erhält der Honig ein intensives Nussaroma.

Verpackung & Deko: Gewürzgläschen lassen sich auch mit anderen Köstlichkeiten füllen ... Noch einen Olivenholz-Löffel dazu und schon kann der aromatische Honig verschenkt werden.

SESAMHONIG

Dieser süße Frühstücksaufstrich »Tahinomelo« stammt aus Griechenland und schmeckt ganz besonders gut, wenn man zusätzlich noch ein paar gehackte Nüsse (etwa Mandeln, Pistazien) über das Brot streut oder dieses mit dünnen Bananenscheiben belegt. Auch frisch gebackene Crêpes lassen sich mit dem Honig beträufeln.

**Zubereitungszeit: 10 Minuten
Ergibt: etwa 200 ml**

100 g Tahini (Sesampaste, aus dem Bio-Laden, siehe auch Tipps) | 150 g milder, heller Blütenhonig | Twist-off-Gläser (sterilisiert)

1. Das Tahini mit dem Honig verrühren und in die Gläser füllen, gut verschließen. Bis zum Verschenken an einem kühlen Ort aufbewahren.

Tipps: Tahini trennt sich bei der Lagerung normalerweise in eine feste Paste, die sich auf dem Boden sammelt, und Öl, das sich oben absetzt. Deshalb muss man die Sesampaste gut mit einem Löffel durchrühren, bis sich beide Bestandteile wieder vermischt haben. Dann erst die 100 g abwiegen. Das Verhältnis von Blütenhonig und Tahini kann von 1:1 bis 3:1 angepasst werden – ganz nach Gusto. Wer nur eine leichte Sesamnote möchte, rührt 1–2 EL Tahini in ein ganzes Glas Honig.

Verpackung & Deko: Gemustertes Seidenpapier eignet sich nicht nur zum Einwickeln von Süßigkeiten, mit einem farblich passenden Bändchen wird daraus auch eine Deckelhaube.

HAPPY-DAY-TEE

Hibiskusblüten liefern nicht nur eine wunderbare tiefrote Farbe, zusammen mit den anderen Aromen verbinden sie sich zu einem köstlichen Früchtetee mit betörender Vanillenote – für morgens, mittags und abends.

Zubereitungszeit: 10 Minuten
Ergibt: etwa 60 g

25 g getrocknete Apfelscheiben | 1 Vanilleschote | 20 g getrocknete Hibiskusblüten 10 g Kokoschips | 5 g getrocknete Rosenblüten

1. Die Apfelscheiben in kleine Stücke schneiden. Die Vanilleschote der Länge nach aufschlitzen, das Mark herauskratzen und anderweitig verwenden (z. B. für Vanillezucker). Die Vanilleschote in kleine Stücke hacken.

2. Die Apfel- und Vanilleschotenstückchen zusammen mit den restlichen Zutaten in einer Schüssel vermischen. In luftdicht schließende Behälter abfüllen und darin bis zum Verschenken aufbewahren.

Verpackung & Deko: Wem das Abpacken der Teemischungen in Papier-Teebeutel (Portionsfilter) zu umständlich ist, der verschenkt sie gleich lose in den luftdicht verschlossenen Behältern. Wie wär's mit einem Teefilter aus Porzellan dazu?

GUTE-BESSERUNG-ERKÄLTUNGSTEE

Wer schon mal selbst gemachten Kräutertee getrunken hat, macht um die fertigen Mischungen einen weiten Bogen. Man kann ganz seinem eigenen Wunsch folgen oder die Kräuter gezielt nach ihrer Wirkung auswählen. Diese Kombination ergibt einen wohlschmeckenden Tee gegen Husten, Schnupfen und Erkältung.

Zubereitungszeit: 10 Minuten
Ergibt: etwa 50 g

15 g getrocknete Pfefferminze | 10 g getrocknete Holunderblüten | 10 g getrocknete Kamillenblüten | 5 g getrockneter Thymian 5 g getrockneter Salbei | 5 g Fenchelsamen

1. Alle Zutaten in einer Schüssel vermischen. In luftdicht schließende Behälter abfüllen und darin bis zum Verschenken aufbewahren.

Tipp: Alle Zutaten für diesen Tee sind erhältlich in Teeläden, Kräuterfachgeschäften und online (Links siehe Seite 158).

Varianten: Wer mag, trocknet frischen Ingwer (in hauchdünne Scheiben geschnitten) oder die Schale von Bio-Zitronen bei 50 °C ein paar Stunden im Backofen und gibt sie noch zur Teemischung. Soll der Tee besonders entspannend und beruhigend wirken, empfiehlt sich zusätzlich die Zugabe von 10 g getrockneten Rosen- oder Lindenblüten.

KRÄUTERSÄCKCHEN

Damit lassen sich Suppen, Saucen, Fonds und Eintöpfe mit einem Handgriff delikat würzen: einfach ein Säckchen mitkochen. Dabei gehen die Aromen des Säckcheninhalts langsam in das Kochgut über. Vor dem Servieren das Entfernen des Säckchens nicht vergessen!

Zubereitungszeit: 10 Minuten
Ergibt: etwa 10 Stück

20 getrocknete Lorbeerblätter | 5 TL schwarze Pfefferkörner | 10 kleine getrocknete Chilischoten | 5 TL getrockneter Thymian | 5 TL getrockneter Rosmarin | 2 TL getrockneter Knoblauch | 1–2 TL getrocknete Lavendelblüten | 10 Teefilter aus Papier | Küchengarn

1. Die Lorbeerblätter in der Mitte auseinanderbrechen und mit den übrigen Zutaten mischen. Kräuter-Gewürze-Mischung in zehn Portionen teilen und in die Teefilter füllen, mit Küchengarn verschnüren. Die Kräutersäckchen in luftdicht schließende Behälter stecken und darin bis zum Verschenken aufbewahren.

Verpackung & Deko: Sieht hübsch aus – statt der Teefilter etwa 12 cm große Quadrate oder Kreise aus Musselin verwenden. Die Mischung darauf mittig platzieren und dann zu einem Päckchen schüren.

Haltbarkeit:
ein paar Wochen bis
Monate (luftdicht
verschlossen)

Für:
die Details stehen direkt
beim Rezept

STUDENTENFUTTER DE LUXE

Weiß man, dass jemand keine Rosinen oder Nüsse mag, kann man die Mischung maßschneidern und diese Zutaten weglassen. Oder auch andere untermischen (siehe Tipp).

Zubereitungszeit: 10 Minuten
Ergibt: etwa 800 g

50 g Mandeln oder Cashewnüsse | 50 g Walnüsse oder Pekannüsse | 50 g Paranüsse | 50 g Haselnüsse oder Erdnüsse 25 g Pistazienkerne | 25 g Kokoschips 50 g Rosinen | 50 g getrocknete Kirschen oder Cranberrys | 50 g getrocknete Aprikosen oder Pflaumen | 50 g getrocknete Mangos oder Pfirsiche

1. Große Nüsse grob hacken, große Trockenfrüchte in dünne Streifen schneiden. Dann alle Zutaten in einer Schüssel vermengen. Studentenfutter in luftdicht verschließbare Behälter abfüllen und bis zum Verschenken darin aufbewahren.

Tipp: Bananenchips, getrocknete Apfel- oder Papayascheiben sowie Kürbiskerne passen auch gut in diese selbst gemachte Mischung.

Verpackung & Deko: Bunte Pappbecher am oberen Rand einige Zentimeter in breiten Streifen einschneiden, gerollten Becherrand abschneiden. Die Nüsse in die Becher füllen (eventuell Becher vorher mit Papier oder Folie auskleiden), Streifen zur Mitte falten und mit einem Klebeetikett verschließen.

INDISCHER KERNEMIX

Zubereitungszeit: 20 Minuten
Ergibt: etwa 200 g

2 EL Roh-Rohrzucker (z. B. Muscovado) 1 TL Garam Masala | 1 TL Currypulver ½ TL Cayennepfeffer | ½ TL feines Meersalz | 1 Eiweiß (L) | 100 g Kürbiskerne 100 g Sonnenblumenkerne

1. Backofen auf 175 °C (Umluft 160 °C) vorheizen, Backblech mit Backpapier auslegen. Zucker, Gewürze und Salz vermischen. Eiweiß schaumig schlagen, Gewürzmischung unterrühren, bis sich der Zucker etwas aufgelöst hat. Die Kerne gleichmäßig unterziehen. Mix auf dem Blech verteilen und im Ofen (Mitte) in etwa 15 Minuten knusprig rösten, dabei ab und zu durchmischen. Aus dem Ofen nehmen, vom Papier lösen, auskühlen lassen. Kernemix in luftdicht verschlossenen Behälter bis zum Verschenken aufbewahren

Verpackung & Deko: Selbst gebastelte Spitztüte aus Backpapier, der Rand wurde mit einer Musterschere verschönert.

WEIHNACHTSMANDELN

Zubereitungszeit: 25 Minuten
Ergibt: etwa 300 g

**5 grüne Kardamomkapseln | 1 Eiweiß (L) | 50 g dunkelbrauner Roh-Rohrzucker
(z. B. Muscovado) | 1 EL schwach entöltes Kakaopulver | Mark von 1 Vanilleschote
2–3 EL gemahlener Zimt | 1 Prise feines Meersalz | 250 g Mandeln**

1. Backofen auf 175 °C (Umluft 160 °C) vorheizen, ein Backblech mit Backpapier auslegen. Kardamomkapseln aufbrechen, Samen herauspulen und im Mörser fein mahlen.

2. Eiweiß schaumig schlagen. Zucker, Kakao, Kardamom, Vanillemark, 1 EL Zimt und das Salz gut untermengen, Mandeln unterziehen. Die Mandeln auf dem Blech verteilen und mit zwei Gabeln voneinander trennen. Im Ofen (Mitte) in 15–20 Minuten knusprig rösten, dabei ab und zu durchmischen. Aus dem Ofen nehmen, sobald die Eiweißschicht sich trocken anfühlt. Mit übrigem Zimt bestäuben und gut vermischen, auskühlen lassen. In luftdicht verschließbare Behälter abfüllen, bis zum Verschenken darin aufbewahren.

Verpackung & Deko: Faltschachtel mit Spitzenband (Vorlage zum Download Seite 157).

HONIGGERÖSTETE MMMH-NÜSSE

Zubereitungszeit: 20 Minuten
Ergibt: etwa 250 g

**1 EL Butter | 25 g dunkelbrauner Roh-Rohrzucker (z. B. Muscovado) | 1 EL Honig
1 EL süßer Senf | ½–1 TL Cayennepfeffer | ½ TL feines Meersalz | 100 g Pekannüsse
100 g Cashewnüsse oder ungesalzene Erdnüsse**

1. Backofen auf 175 °C (Umluft 160 °C) vorheizen, ein Backblech mit Backpapier auslegen. Butter und Zucker in einem kleinen Topf unter Rühren erhitzen, bis sich der größte Teil des Zuckers aufgelöst hat. Vom Herd nehmen, Honig, Senf, Cayennepfeffer und Salz unterrühren. Zum Schluss die Nüsse sorgfältig untermischen.

2. Die Nüsse auf dem Backblech verteilen und im Ofen (Mitte) etwa 15 Minuten rösten, dabei einmal zur Halbzeit durchmischen. Aus dem Ofen nehmen und auskühlen lassen. In luftdicht verschließbare Behälter abfüllen, bis zum Verschenken darin aufbewahren.

Tipp: Wer mag, ersetzt einen Teil der Nüsse durch ungesalzene Macadamianüsse.

Verpackung & Deko: Tütchen falten, lochen und mit bunten Drahtbindern verschließen.

Verpackung & Deko

TIPPS & TRICKS – HANDWERKSZEUG

1 Die Basics

Die wichtigsten Werkzeuge zum professionellen Verpacken von Geschenken haben Sie bestimmt schon im Haus: bunte Stifte oder einen Füllfederhalter zum Beschriften von Etiketten oder Anhängern, einen spitzen Bleistift und ein Lineal zum Aufzeichnen von Formen aller Art sowie Schere und Klebstoff. Trotzdem macht es natürlich großen Spaß, mit richtigem Bastelwerkzeug zu arbeiten – deshalb haben wir von Punkt 2 bis 10 aufgelistet, was sich sinnvoll zur Gestaltung einsetzen lässt. Bezugsquellen sind vor allem Bastelfachgeschäfte, Schreibwarenläden oder Online-Shops (siehe Seite 158). Dazu ein klein wenig Fantasie und etwas handwerkliches Geschick und schon zaubern Sie einzigartige Geschenke!

2 Papier

Ohne Papier geht gar nichts, sei es, um daraus Etiketten und Anhänger zu schneiden, Deckelhauben zu basteln oder es als eigentliche Geschenkverpackung zu nutzen. Je nach Stil und persönlichen Vorlieben lassen sich hier auch Papiere aus dem Alltag zweckentfremden bzw. recyceln: übrig gebliebene Papierreste oder Kartonagen; Back-, Pack- oder Butterbrotpapier; Zeitungen oder Magazine (ganz besonders dekorativ in fremden Sprachen, zum Beispiel beim Bahnhofskiosk besorgen). Wer einen Drucker und ein Bildbearbeitungsprogramm zur Verfügung hat, kann Etiketten auch am Computer entwerfen und selbst ausdrucken. Hierfür eignen sich besonders gut kräftigeres Druckerpapier (immer auf die zulässige Papierstärke und Druckereignung achten), bedruckbare, selbstklebende Etiketten oder ein spezielles Pergamentpapier. Und nicht zuletzt natürlich bunt gemustertes Geschenkpapier, Scrapbooking- oder Seidenpapier – es lohnt sich immer einen kleinen Vorrat für alle Fälle zu Hause zu haben. Auch aus schon benutztem Geschenkpapier lassen sich noch prima Etiketten ausschneiden!

3 Stoff

Twist-off-Gläser und Einmachgläser werden oftmals mit einer runden oder eckigen Deckelhaube aus Stoff schnell »aufgehübscht«. Am besten eignen sich klein gemusterte Baumwollstoffe, Leinen oder einfach Stoffreste jeder Art. Sogar alte verschlissene Kleidungsstücke lassen sich dafür bestens aufbrauchen, verwaschener Jeansstoff etwa sieht ganz besonders charmant aus. Auch Schleifen oder kleine Anhänger (diesen auf der Rückseite mit Karton verstärken) lassen sich super aus Stoffresten basteln.

4 Bänder und Schleifen

Eine schön gebundene Schleife ist die simpelste Art, ein Geschenk zu verzieren, schon deshalb sollte man immer ein paar geschmackvolle Schmuckbänder in der Schublade haben. Ob einfarbig, gemustert, bestickt oder aus Spitze – alles kann passen. Selbst Paketband, Küchengarn, Bast oder Haushaltsgummis helfen beim Verpacken oder Anbinden von Geschenkanhängern. Eine wahre Fundgrube für Bänder sind Kurzwarenläden.

5 Scheren, Cutter, Stanzen

Essenziell ist eine große, gut schneidende Haushalts-schere zum Schneiden von Etiketten, Bändern und Deckelhauben. Darüber hinaus gibt es aber viele nütz-liche Schneidewerkzeuge, die Spezialaufgaben über-nehmen und dekorative Ergebnisse liefern: Ein Cutter mit Schneidematte hilft beim Schablonenschneiden, ein Kreiscutter (oder auch ein Zirkel) erleichtert das kreisrunde Ausschneiden von Hauben und Etiketten. Motivlocher stanzen zum Beispiel Schmetterlinge in Etiketten, und Musterrandscheren erzeugen gewellte oder gezackte Schnittkanten (für Stoff braucht man eine spezielle Zickzackschere, Papierscheren werden schnell stumpf!). Für besonders filigrane Papierar-beiten empfiehlt sich eine kleine Nagelschere.

6 Kleber und Tape

Je nach zu klebendem Material benötigt man Papier- oder Alles-kleber, durchsichtigen Klebefilm oder ein doppelseitiges Klebe-band (Foto-Tape). Bunte, ge-musterte Klebebänder kleben und schmücken gleichzeitig. Praktisch für Konfitüregläser & Co.: Ein Klebestift eignet sich besonders gut zum Aufkleben von Etiketten auf Glas.

7 Sticker und Stempel

Sticker (Aufkleber) sind nicht nur schöne Schmuckelemente, sie eignen sich auch sehr gut zum Verschließen von Tütchen oder als Selbstklebeetikett (in verschiedenen Größen erhältlich). Mit kleinen Buchstaben- oder Zahlenaufklebern lassen sich Geschenke aus-gefallen beschriften. Wer es noch origineller mag und etwas Handarbeit nicht scheut: Buchstaben-, Datums- oder Motivstempel (etwa Küchenmotive wie Früchte, Gemüse oder Küchenutensilien) sind vielseitig ver-wendbar. Zusammen mit Stempelkissen in bunten Farben lassen sich Etiketten damit wirkungsvoll bedrucken.

8 Klammern und Verschlüsse

Ob beim Verschließen von Tütchen oder zum fixen Anbringen von Etiketten: Kleine hölzerne Wäsche-klammern, goldene und bunte Rundkopfklammern (Verschlussklammern von Briefumschlägen) oder ein normaler Dokumenten-Tacker leisten gute Dienste.

9 Locher, Lochzange und Ösenwerkzeug

Wie bastelt man den Geschenkanhänger am besten ans Glas? Am einfachsten geht das mit einem herkömmlichen Bürolocher, mit dem man den Papieran-hänger locht und durch das Loch dann ein Bändchen zieht. Ein Lochverstärker dient hier nur als Schmuckelement. Richtig professionell wird es dann mit Lochzange und Ösenwerkzeug: So lassen sich Metallösen in Stoff und Papier schlagen, sei es um so einen Verschluss anzufertigen (Tüten lassen sich damit praktisch verschließen) oder um Schleifen einzuziehen.

10 Nadel und Faden

Selbst Sticknadel und Faden (oder Stickgarn) lassen sich zur Verpackungsverschönerung heranziehen. Man kann damit Tütchen zunähen oder Etiketten, Anhänger und Deckelhauben besticken. Mit etwas Geduld und Geschick lassen sich Namen oder Motive aufsticken (bei Stoffen erleichtern Stickrahmen, in die Stoff eingespannt werden kann, die Arbeit). Mit auf-genähten Perlen oder Knöpfen wird ein Geschenkan-hänger zu einem tollen Unikat. Wer im Besitz einer Nähmaschine ist, kann Etiketten aus Papier auch mit hübschen Zierstichen umranden.

GLÄSER & FLASCHEN

Twist-off-Gläser und Einmachgläser

Wer sicher gehen möchte, dass selbst gemachte Konfitüre länger haltbar ist, der kommt um Twist-off-Gläser nicht herum. Hat man sauber gearbeitet, entsteht beim Abkühlen des heißen Kochguts in den zuvor sterilisierten Gläsern ein Vakuum, und der Deckel wölbt sich leicht nach unten. Beim späteren Öffnen des Glases ertönt dann das charakteristische »Klack«. Die innen gummierten Deckel sollte man möglichst nur einmal verwenden, sie nehmen leicht Gerüche an, verfärben sich oder schließen nicht mehr zuverlässig. Einmachgläser sind eine charmante Alternative für Köstlichkeiten mit geringer Haltbarkeit, wie zum Beispiel Pesto.

Form und Größe

Die gewünschte Glas- oder Flaschenform unbedingt schon bei der Rezeptauswahl berücksichtigen: Saucen wie Ketchup oder eine Dessertsauce neigen dazu, weiter einzudicken und sind dann – vor allem in gekühltem Zustand – nur schwer aus der Flasche zu gießen. Flaschen mit weitem Hals sind hier die allerbeste Wahl. Kennt man den Geschmack der beschenkten Person nicht so gut, sollte man kleinen Einmachgläsern den Vorrang geben. So kann man relativ sicher sein, dass das einmal geöffnete Konfitürenglas auch schnell geleert wird und nicht im Kühlschrank vergammelt. »Schade, schon leer!« ist allemal besser als »Oh, das sieht aber nicht mehr sehr appetitlich aus – ab in die Tonne!«.

Verschlüsse

Für Gläser: Bei Twist-off-Gläsern sollten die Deckel vor jedem neuen Abfüllen ersetzt werden (siehe oben). Man kann die Deckel separat im Fachgeschäft für Küchenbedarf, einer gut sortierten Haushaltsabteilung oder online (siehe Bezugsquellen Seite 158) beziehen. Deckel mit Karomuster wirken rustikal und traditionell, einfarbig gold- oder silberfarbene Deckel dagegen eher elegant. Dekorative Gläser ohne Deckel (etwa von Joghurts) lassen sich mit Einmachfolie und Gummiringen verschließen. Für Flaschen: Das Verschlussrepertoire reicht von Korken über Schraubverschlüsse bis zum praktischen Ausgießer (klasse für Öl und Essig).

Recycling

Bevor Flaschen oder Gläser aus dem täglichen Gebrauch in den Altglas-Container wandern, sollte man prüfen, ob man sie nicht für ein Geschenk aus der Küche verwenden kann. Oft lassen sich sowohl praktische als auch ungewöhnliche Formen finden (Asienläden sind wahre Fundgruben), die im Handel nicht käuflich zu erwerben sind. Einziger Nachteil: Die aufgeklebten Etiketten sind mal leichter, mal nur mit großem Aufwand rückstandslos zu entfernen. Oft hilft bereits das Einweichen in heißem (Spül-) Wasser, sonst muss man den Etiketten schon mal mit Waschbenzin oder Speiseöl zu Leibe rücken. Die Deckel müssen – abhängig von angedachtem Inhalt und dessen Haltbarkeit – eventuell durch neue ersetzt werden, oder man kann sie mit Dekohauben kaschieren (siehe Hauben Seite 151).

Flohmarkt-Fundstücke

Mit ein wenig Zeit und Muße lassen sich gerade auf Flohmärkten tolle Einzelstücke für wenig Geld finden. Darauf achten, dass die Gläser oder Flaschen nicht beschädigt sind (keine Absplitterungen, Sprünge, Haarrisse), sonst sind sie nur bedingt zum Verschenken von Lebensmitteln verwendbar, etwa als Bonbonglas für Karamellen. Alte Gummis von Einmachgläsern oder Flaschen mit Bügelverschluss sollte man durch neue aus dem Fachgeschäft für Küchenbedarf oder online (siehe Bezugsquellen Seite 158) ersetzen. **Tipp:** Vor dem Urlaub nach Flohmarkt-Terminen in der Urlaubsregion erkundigen – hier lassen sich nicht selten besonders ausgefallene Schnäppchen machen, weil die Gläser und Flaschen andere Formen, Farben oder Prägungen aufweisen als bei heimischen Modellen.

Zwei Geschenke in einem

Beim Einkaufen findet man ein wunderschönes Vorratsglas mit dekorativ verziertem Metalldeckel, das perfekt in die Landhausstil-Küche der besten Freundin passen würde? Natürlich ist das Glas an sich schon ein hübsches Geschenk, perfekt wird es aber erst mit einer köstlicher Füllung – ob das nun selbst gemachtes Granola oder frisch gebackene Olivenöl-Cracker sind. Ein Glas völlig leer zu verschenken, wäre doch eine Schande!

DECKELHAUBEN

Klassische Stoffhauben

Für die gängigste Haubenform wird ein kreisrundes oder quadratisches Stück Stoff mit einem schönen Band um den Deckel gebunden, dabei ist erlaubt, was gefällt: gemusterte Baumwollstoffe, rustikale Leinenstoffe, Jute, Jeans, Stoffreste jeder Art. Mit einer speziellen Zickzack-Stoffschere bekommen die Hauben besonders schöne Kanten, bei grob gewebten Stoffen kann durch das Lösen der äußersten Fäden ein recht charmanter Fransen-Effekt entstehen. Die gewählte Form der Haube wird mit Bleistift und Lineal oder Zirkel auf den Stoff aufgetragen und das Stoffstück dann ausgeschnitten. Zur Not lässt sich auch ein Teller (in der richtigen Größe) als Schablone auflegen und mit einem Stift umfahren. **Als grobe Formel gilt:** Durchmesser des Glasdeckels plus 6 cm ergibt den Durchmesser der fertigen, kreisrunden Haube bzw. die Seitenlänge des Quadrats. Da es grundsätzlich aber auch vom persönlichen Geschmack abhängt, wie lang die Haubenrüschen ausfallen dürfen, kann man mit einem einfachen Haubendummy aus Zeitungspapier experimentieren (und dieses ausmessen), bevor man den Stoff schneidet.

Selbstklebende Folie

Um Deckel von recycelten Gläsern oder Flaschen zu kaschieren, eignet sich selbstklebende Folie (im Fachhandel auch gemustert erhältlich). Dazu schneidet man einen Kreis aus der Folie, der größer als der ausgewählte Deckel ist, und klebt diesen mittig auf den Deckel. Nun die überstehenden Folienränder rundherum bis zum Deckel einschneiden und Stück für Stück übereinanderlappend an den Rand des Deckels kleben. Zum Schluss die Folie bis zum untersten Deckelrand zurückschneiden. Findet man keine schöne selbstklebende Folie, kann man das gleiche Prinzip auch mit Papier simulieren: Den Papierkreis mit einem Stück doppelseitigem Klebeband mittig auf dem Deckel fixieren, dann einen schmalen Streifen Klebeband rings um den Deckelrand kleben. Papier bis zum Deckelrand einschneiden, überlappend an dem Klebeband festdrücken und kürzen. Für einen glatten Rand: Einen Papierstreifen zurechtschneiden (Länge = Deckelumfang, Breite 3–4 cm), der Länge nach mittig falten und um den Deckelrand kleben (siehe Beispiel Seite 93).

Papier

Was mit Stoff funktioniert, geht natürlich auch mit Papier: Packpapier, Geschenkpapier, Schmuckpapier, Lackpapier, eine Papierserviette oder Bastelpapier wird rund oder quadratisch zugeschnitten – auch hier leistet eine Musterschere gute Dienste. Besonders leicht hat man es mit Tortenspitze oder Muffin-Backförmchen aus Papier, letztere eignen sich aber nur für Deckel mit kleinem Durchmesser. Bei der Tortenspitze lässt sich mit etwas Geschick noch ein dünnes Bändchen durch die kleinen Löcher ziehen. Ist das Papier etwas dicker oder ein wenig störrisch, empfiehlt es sich, dieses zuerst glatt auf den Deckel zu legen (am besten mit einem Stückchen doppelseitigem Klebeband befestigen), die Ränder nach unten zu biegen und grob in Falten zu legen und das Papier erst danach mit einem Bändchen zu binden. Grundsätzlich kann man Deckelhauben aus Papier auch nach dem Binden noch gut kürzen, also im Zweifel lieber mit einer größeren Haube beginnen.

Gestickte Motive

Wer mit Sticknadel und Faden gut umgehen kann, kann den Rand von Deckelhauben umsticken – oder die Hauben mit einem Monogramm oder einfachen Motiv personalisieren: Dazu Butterbrotpapier auf die Buchstaben oder das Motiv legen und mit einem dunklen Filzstift nachzeichnen. Bei dünnem Stoff kann es ausreichen, diesen jetzt auf die Filzstiftvorlage zu legen und das Motiv leicht mit Bleistift zu übertragen. Bei dickeren Stoffen, die ein Durchscheinen des Motivs nicht zulassen, hilft ein Bügelmusterstift aus dem Kurzwarenhandel – das Motiv wird durch Aufbügeln übertragen und kann dann einfach nachgestickt werden.

Schmuckbänder und Kordeln

Zum Binden der Deckelhauben eignet sich alles, was sich ansprechend verknoten oder zu Schleifen binden lässt: Geschenkbänder, selbst geschnittene Stoffstreifen, Bast, Küchengarn, Deko-Bänder, Paketschnur, Spitzenbänder, Haushaltsgummis, Lederbänder, Kordeln, Basteldraht, ... Wer mag, kann auch gleich einen Anhänger daran befestigen.

ETIKETTEN & ANHÄNGER

Klassische Etiketten

Das klassische aufgeklebte Etikett ist rechteckig, oval oder rund, kann aber auch die Form eines passenden Motivs (etwa einer Zitrone) haben. Auf dem Etikett sollten unbedingt alle Angaben zu Inhalt und Haltbarkeit stehen, schließlich weiß man nie, wer das Glas einmal öffnen wird. Weitere optionale Angaben: Herstellungsdatum, Inhaltsmenge, Tipps zur Verwendung. Für einen besonders professionellen »Anstrich« auf einem Extra-Etikett (wird auf der Rückseite das Glases angebracht) noch alle verwendeten Zutaten auflisten. Gerade Allergiker wissen das sehr zu schätzen.

Inhalt und Glasform

Der Inhalt eines Glases kann noch so gut schmecken und trotzdem nicht besonders ansehnlich aussehen. Mit einem extragroßen, bunt gestalteten Etikett kann man wunderbar von dem rein optischen Makel ablenken. Etiketten lassen sich am besten auf geraden Gläsern anbringen, bei bauchigen und gebogenen Gläsern werfen – vor allem großflächige – Etiketten unschöne Falten. Super Alternative: alle Infos mit einem bunten oder weißen Lackstift direkt aufs Glas schreiben oder Anhänger umbinden.

Charmante Details

Im Bastelladen gibt es eine große Auswahl an Musterscheren, mit denen man Etiketten und Anhängern geschwungene, gezackte oder Bordüren-Ränder verleihen kann, oder Musterstanzen für liebenswerte Details.

Aufkleben und ablösen

Am praktischsten sind selbstklebende Etiketten, die es in großer Auswahl im Schreibwarenladen gibt. Die meisten Hersteller bieten auf ihren Webseiten kostenlose Vorlagen und Software an, die das passgenaue Gestalten der jeweiligen Etiketten am Computer besonders einfach machen. Recht mühelos wieder ablösbar sind mit Papierklebestift aufgeklebte Etiketten, trotzdem kann auch doppelseitiges Klebeband manchmal die richtige Wahl sein, etwa für selbst gebastelte Etiketten aus stärkerem Karton.

Handschrift versus Computer

Den persönlichen Charakter eines selbst gemachten Geschenks aus der eigenen Küche unterstreicht ein handschriftlich signiertes Etikett (oder Anhänger) am allerbesten – nur leider ist nicht jeder mit einer schönen Handschrift gesegnet. Neutrale Blockschrift ist eine mögliche Alternative, mit Computerschrift gestaltete Etiketten und Anhänger eine andere. Mit einem Textverarbeitungs- und Bildbearbeitungsprogramm und dekorativen Schriften lassen sich wunderbar vielfältige Designs erstellen.

Design-Ideen

- Ein langes, schmales Etikett über den Deckel laufen lassen (siehe Seite 17).
- Etiketten oderAnhänger mit Stempeln bedrucken oder mit Buchstabenschablonen beschriften.
- Eine Banderole für das Glas zuschneiden und dann ein einfaches Motiv (etwa ein Herz, Stern, Kreis oder Apfel) oder den Anfangsbuchstaben des Glasinhalts aus der Banderole schneiden (siehe Seite 50). Dazu Motive oder Buchstaben auf die Vorderseite der Banderole malen (sonst spiegelverkehrt) und mit einem Cutter oder einer kleinen Schere ausschneiden.
- Ein schönes Band über den Deckel legen und mit einem Etikett oder Sticker an das Glas kleben (siehe Seite 26 und 51).
- Etiketten oder Anhänger aus Zeitungspapier, Magazinen oder alten Landkarten schneiden (siehe Seite 93) oder verschiedene Papiere mischen.
- Eine handgeschriebene Rezeptkarte mit anhängen, damit die/der Beschenkte das Rezept selbst nachmachen kann.
- Das Glas mit zusätzlichen kleinen Aufklebern versehen: »Hausgemacht«, »homemade«, »mit Liebe«, ...
- Passende Accessoires (frische Kräuter oder Blümchen, Zimtstangen, getrocknete Orangenscheiben, Strohhalme, Löffel) mit ans Glas binden.

Zum Download

Deko-Inspirationen sowie Etiketten und Anhänger finden Sie auch auf http://www.kuechengoetter.de/geschenkideen-aus-der-kueche.html

TÜTCHEN & VERSCHLÜSSE

Tütchen und Beutel

Unverzichtbar sind lebensmittelechte, durchsichtige Zellophantütchen (Bodenbeutel) in verschiedenen Größen. Diese gibt es von manchen Herstellern auch mit Mustern bedruckt. Genauso wichtig sind kleine Papiertüten oder -beutel (»Brotzeittüten«), mit ihnen lassen sich beispielsweise Süßigkeiten oder Pasta schnell und einfach verpacken. Um die Tütchen oder Beutel richtig zu befüllen, sollte man die Zusammensetzung des Füllguts beachten: Fettende Lebensmittel zum Beispiel sind nicht für Papierbeutel geeignet (sie hinterlassen unschöne Fettflecken) und sollten ausschließlich in Zellophantütchen verschenkt werden. Klassische Spitztüten sind kinderleicht selbst gebastelt, dazu braucht es lediglich ein quadratisches Blatt Papier (Back- oder Butterbrotpapier, gemustertes Papier; je stärker, desto besser). Rechteckige Beutel lassen sich auch ganz einfach aus Stoff (zum Beispiel für selbst gebackenes Brot) oder Papier nähen, sowohl mit der Nähmaschine als auch von Hand.

Kombinierte Verpackung

Da es gerade bei kleinen Papiertüten viele hübsche Muster und eine große Auswahl gibt, kann man diese mit einem Trick auch für fettende Lebensmittel verwenden. Dazu eine einfache Form (Kreis, Rechteck, Quadrat, Oval, Herz, simple Blumenform) mit Bleistift auf die spätere Vorderseite (in der unteren Hälfte) der Tüte aufzeichnen und mit einer kleinen Schere oder einem Cutter ausschneiden. Nun zum Beispiel geröstete Nüsse, getrocknete Pasta oder Karamellen in eine Zellophantüte füllen, die etwa die gleiche Größe wie die Papiertüte hat. Die Zellophantüte in die vorbereitete Papiertüte stecken und mit einer der rechts genannten Varianten verschließen. Durch das Sichtfenster kann man den Inhalt erkennen, trotzdem fettet nichts durch oder trocknet aus.

Einfache Verschlüsse

Am einfachsten lassen sich Tütchen (oder natürlich Beutel) mit Bändern verschließen. Aber es gibt auch andere Möglichkeiten:

- Das offene Ende des Tütchens mehrfach umklappen und mit einem einfachen Sticker, einem Sticker mit Schmuckband kombiniert (siehe Seite 31) oder einem dekorativen Klebeband befestigen.
- Das offene Ende des Tütchens nur ein wenig umklappen und einen gemusterten Papierstreifen daran tackern (siehe Seite 73).
- Das offene Ende des Tütchens nur ein wenig umklappen und mit einer schönen kleinen Wäsche- oder Rundkopfklammer befestigen.
- Verschlussstreifen oder Papierclips (mit Draht) gestalten mehrmaliges Öffnen und Schließen besonders einfach.

Verspielte Verschlüsse

Wer gerne bastelt, kann sich wunderbar bei diesen Varianten austoben:

- Das offene Ende des Tütchens mehrfach umklappen und einen Knopf daraufnähen (siehe Seite 53). Oder die Tüte mit einem Papierstreifen verschließen und mit einem Knopf verzieren (siehe Seite 33). In Kurzwarenläden findet man tolle Knöpfe in allen Farben, Formen, Größen.
- Wer das nötige Werkzeug zur Hand hat, kann Ösen in das Tütchen schlagen und das Tütchen damit verschließen.
- Das offene Ende des Tütchens per Hand mit Nadel und Faden oder mit einer Nähmaschine zunähen (siehe Seite 59). Dabei auf die eventuell zerbrechliche Füllung achten!
- Das offene Ende des Tütchens mehrfach umklappen und ein Spitzenband an den Tütenabschluss nähen oder kleben (siehe Seite 81).
- Das offene Ende des Tütchens mehrfach umklappen und zwei Löcher durch das Gefaltete stechen oder mit einem Cutter einschneiden. Dann durch die Löcher ein Geschenk- oder ein Schmuckband ziehen (siehe Seite 55 und 88).

SONSTIGE VERPACKUNGSIDEEN

Gekaufte Schachteln

Bunte oder gemusterte Papierschachteln, ob quadratisch, rund oder sogar in Herzform, sind eine praktische Angelegenheit, je nach Füllung werden sie noch dekorativ mit Seiden-, Wachs- oder Pergamentpapier ausgekleidet. Wichtig: Bei fettendem oder klebrigem Inhalt ist Zellophanfolie als Unterlage ein Muss – sonst gibt es unappetitliche Flecken.

Selbst gebastelte Schachteln & Co.

Wer gerne bastelt, der kann viele Schachteln selbst herstellen (Beispiele Seite 85, 123, 143), DIN-A4-Schnittmuster dazu gibt es zum Download (Adresse siehe unten). Und so geht's – **Methode 1:** Schnittmuster auf normalem Papier ausdrucken, Schablone ausschneiden, auf gemustertes, dickes Papier oder Karton legen, nachzeichnen, ausschneiden, falten und bei Bedarf kleben. **Methode 2:** Das Schnittmuster mit einem digitalen Muster direkt auf stärkeres Papier drucken (Drucker zuvor auf Eignung überprüfen!), ausschneiden, falten und bei Bedarf kleben.

Verschiedene Backformen

Es gibt Einmal-Backformen (z. B. aus Papier oder Holz), in denen Brote und Kuchen gebacken und gleich verschenkt werden können. Sind die Formen aus stärkerem, gemustertem Papier, finden darin auch Pralinen, Karamellen, Nüsse zum Verschenken einen hübschen Platz (siehe Seite 88). Oder eine neue herkömmliche Backform mit frisch gebackenem Kuchen als Geschenk mitbringen. Dazu den Kuchen zum Abkühlen aus der Form stürzen, völlig auskühlen lassen und erst dann wieder in die Form geben.

Take-away-Verpackungen

Einmal-Verpackungen (siehe Seite 31 und 137) werden immer beliebter. Kaufen kann man sie entweder über gewerbliche Großhändler (manchmal lassen sich die Anbieter auch überzeugen, nur eine kleine Menge abzugeben), oder man fragt im Coffee-Shop oder beim asiatischen Take-away nach, ob man ein paar Schachteln extra erwerben kann.

Verpackungsideen aus dem Alltag

- Kleine Obstkisten oder -körbe und Käseschachteln (auf Geruch achten!) mit Farbe anstreichen oder ansprühen.
- Konservendosen lassen sich mit schönem Papier verkleiden. Im Haushaltsgeschäft oder in der Futterabteilung von Tierläden bekommt man Plastikdeckel zum Wiederverschließen.
- Geschirrtücher oder Stoffservietten können Geschenkpapier ersetzen, dazu einfach das Geschenk (eventuell in Folie gewickelt) in den Stoff einschlagen und mit Bändern verschließen (siehe Seite 115).
- Nützliche Dinge (z.B. Brotkorb oder -dose, Auflaufform, Topf, ...) als Geschenkkorb verwenden und mit Selbstgemachtem befüllen.
- Eine Lunchbox mit Selbstgemachtem für eine Brotzeit befüllen.
- Reguläre Versandkartons (Schreibwarenabteilung oder Post) – innen und/oder außen – mit Seidenpapier oder Folie aufpeppen.
- Gewürzdosen aus Metall lassen sich toll wiederverwenden: gründlich auswaschen, vollständig trocknen lassen, befüllen (Gewürz- oder Salzmischungen) und dann mit hübschen Papierbanderolen oder Etiketten verzieren.
- Gebrauchtes Verpackungsmaterial niemals wegwerfen: Papier, Kartons, Bänder, ... lassen sich gut wiederverwenden.

Eine Verpackungsbox

Lässt es der Stauraum zu Hause zu, sollte man sich eine größere Box oder eine Schublade nur für Verpackungsmaterial reservieren. So gibt es immer einen Platz für all die großen und kleinen Dinge, die sich übers Jahr hinweg ansammeln und mit denen sich kulinarische Geschenke hübsch verzieren lassen – man ist für jeden Notfall gerüstet.

Zum Download

Vorlagen und Schnittmuster für Faltschachteln finden Sie auch auf
http://www.kuechengoetter.de/geschenkideen-aus-der-kueche.html

BEZUGSQUELLEN, LINKS, DOWNLOADS

Zutaten

Wer gerne mit ein wenig ausgefalleneren Zutaten kocht und backt, aber keinen Supermarkt mit umfangreichem Warensortiment in der Nähe hat, der kann vieles bequem online bestellen, zum Beispiel:

Gewürze & Co.
http://www.1001gewuerze.eu

Vanillestangen, Fleur de Sel, Jalapeños-Chilischoten, Gewürze, Hibiskusblüten, Kräuter für Teemischungen, Nüsse, Trockenfrüchte, ...
http://www.madavanilla.de

Nüsse, Trockenfrüchte, Gewürze, Kräuter für Teemischungen, gefriergetrocknete Früchte, ...
http://www.tali.de

Dunkelbrauner Muscovado- und hellbrauner Demerara-Zucker (gibt es auch oft im Asienladen, etwa von der Marke Tate & Lyle oder Billington's), Pasta-Mehl, Maldon-Meersalz, getrocknete Pilze, verschiedene Olivensorten, Sepia-Tinte, Rote-Bete-Pulver, asiatische Zutaten, Schokoladen und Kuvertüre, Spirituosen, ...
http://www.bosfood.de

Alles rund ums Backen
http://www.hobbybaecker.de
http://www.backformen-shop.de

Golden Syrup, Rice Krispies, ...
http://www.british-shop.de

Grappa, Calvados, Kahlúa, Spirituosen aller Art
http://www.dasgibtsnureinmal.de

Alles rund um die Pralinenherstellung
http://www.pralinenwerkzeug.de
http://www.pati-versand.de

Zum Download

Verschiedene Faltpläne für selbst gemachte Verpackungen und zauberhafte Etiketten zum Selbstausdrucken gibt es – natürlich kostenlos – auch auf http://www.kuechengoetter.de/geschenkideen-aus-der-kueche.html Schauen Sie doch mal vorbei!

Verpackungen und Dekoratives

Viele selbst gemachte Köstlichkeiten lassen sich praktisch in handelsüblichen Zellophantütchen, Twist-off-Gläsern oder Einmachgläsern mit von Hand beschrifteten Etiketten (etwa von den Firmen Avery/Zweckform oder Hama) verpacken. Soll es aber mal etwas Besonderes sein, dann eignen sich die nachfolgenden Webseiten ganz hervorragend zum Stöbern oder um sich inspirieren zu lassen und natürlich auch, um Verpackungs- und Bastelmaterial zu bestellen.

http://www.flaschenland.de
http://www.glaeserundflaschen.de
http://www.meincupcake.de
http://www.nostalgieimkinderzimmer.de
http://www.krima-isa.de/shop
http://www.kirsch-interior.de
http://www.modulor.de
http://www.kroese-exclusief.com
http://de.opitec.com
http://www.idee-shop.de
http://www.scrap-booking-shop.de
http://de.dawanda.com (Kategorie »Papier & Co«)
http://www.etsy.com (Kategorie »paper goods«)

REGISTER VON A–Z

Appetit auf mehr?

ISBN 978-3-8338-2165-3

ISBN 978-3-8338-2008-3

ISBN 978-3-8338-2519-4

ISBN 978-3-8338-2630-6

IMPRESSUM

Die Autorin

Nicole Stich, bekannt als Autorin des renommierten Foodblogs www.deliciousdays.com und des gleichnamigen Buches, hat das Thema »Geschenke aus der Küche« schon immer zum Leitfaden ihrer Rezeptentwicklung erkoren. Fast alles, was in ihrer Küche entsteht, findet den Weg zu beglückten Freunden, Kollegen, Nachbarn – und wird von ihnen gerne und mit Wonne verspeist. In diesem Buch hat sie Kochen & Verwöhnen ganz wörtlich genommen.

Die Fotografin

Coco Lang arbeitet als Fotografin in ihrer Werkstatt am Münchner Viktualienmarkt. Mit ihrem Blick auf die schönen Dinge des Lebens und ihrem Gespür für das Wesentliche hat sie aus den feinen Rezepturen von Nicole Stich kleine Kunstwerke geschaffen und mit großer Leidenschaft unglaublich variantenreiche Verpackungsideen verwirklicht.

Ein Extra-Dank von Fotografin und Autorin geht an: Mama Lang fürs ganz fleißige Kochen, Papa Lang fürs zuverlässige Bringen, Oliver Seidel, Andrea Ludwig, Patrizia Hamm, Andrea Huber, Gerdi von »Gerdismänner«, »Nostalgie im Kinderzimmer« (www.nostalgieimkinderzimmer.de) und »Genussidee« (www.genussidee-shop.de), Hande Leimer und Kerrin Rousset sowie allen Testköchen und -essern!

Bildnachweis

Alle Fotos von: Coco Lang
Titelbildrezept: Kokos-Keks-Kugeln (Seite 89)
Rückseitenrezepte: Trüffel (Seite 84), Feigen-Kirsch-Confit (Seite 110), Beeren-Friands (Seite 80)

Umwelthinweis:

Dieses Buch ist auf PEFC-zertifiziertem Papier aus nachhaltiger Waldwirtschaft gedruckt.

© 2011 GRÄFE UND UNZER VERLAG GmbH, München.

Alle Rechte vorbehalten. Nachdruck, auch auszugsweise, sowie Verbreitung durch Film, Funk, Fernsehen und Internet, durch fotomechanische Wiedergabe, Tonträger und Datenverarbeitungssysteme jeglicher Art nur mit schriftlicher Genehmigung des Verlages.

ISBN 978-3-8338-2166-0
4. Auflage 2012

Projektleitung:	Sabine Sälzer
Fotografie:	Coco Lang
Styling:	Coco Lang, Claudia Böning, Patrizia Hamm
Food-Styling:	Nicole Stich, Renata Lang, Julia Skowronek
Fotoassistenz:	Nico Fung, Stefanie Kissner
Post-Produktion:	Monika Nesslauer (www.herzundanker.de)
Lektorat, Satz/DTP, Gestaltung:	Redaktionsbüro Christina Kempe, München
Umschlaggestaltung und Innenlayout:	Independent Medien-Design Horst Moser, München
Herstellung:	Claudia Labahn
Schlusskorrektur:	Petra Bachmann
Repro:	Longo AG, Bozen
Gesamtherstellung:	Firmengruppe APPL, aprinta druck, Wemding
Syndication:	www.jalag-syndication.de

 www.facebook.com/gu.verlag

GRÄFE UND UNZER

Ein Unternehmen der
GANSKE VERLAGSGRUPPE